...ERA UMA VEZ A MENOPAUSA

...ERA UMA VEZ A

MENO PAUSA

HORMÔNIO – SEXO – PODER

MALCOLM MONTGOMERY

INTEGRARE
EDITORA

Copyright @ 2016 Malcolm Montgomery
Copyright @ 2016 Integrare Editora e Livraria Ltda.

Publisher
Luciana M. Tiba

Editor
André Luiz M. Tiba

Coordenação e produção editorial
ERJ Composição Editorial

Projeto gráfico e diagramação
ERJ Composição Editorial

Arte de capa
Qpix - estúdio de criação - Renato Sievers

Preparação de texto
Beth Honorato

Foto de 4ª capa
André Luiz M. Tiba

Dados Internacionais de Catalogação na Publicação (CIP)
Angélica Ilacqua CRB-8/7057

Montgomery, Malcolm

Era uma vez a menopausa : hormônio – sexo – poder /
Malcolm Montgomery. -- São Paulo : Integrare Editora, 2016.
232 p.

ISBN 978-85-8211-074-4

1. Menopausa 2. Mulher 3. Hormônios 4. Climatério
5. Sexo 6. Envelhecimento 7. Hormonioterapia
I. Título

16-0138

CDD 612.665

Índices para catálogo sistemático:
1. Menopausa

Todos os direitos reservados à INTEGRARE EDITORA E LIVRARIA LTDA.
Rua Tabapuã, 1123 – conj.71
CEP 04533-014 – São Paulo – SP – Brasil
Tel. (55) (11) 3562-8590
Visite nosso site: www.integrareeditora.com.br

*A Elsimar Metzker Coutinho
e Içami Tiba.*

Carta ao amigo

São Paulo, primavera de 2015.

Querido Tiba,

Sonhei com você a noite passada.

Conversamos e rimos muito.

Cenário colorido!

Você estava em um terraço e se deliciava numa rede, sentado com os braços abertos, balançando-se em ritmo musical.

Ao fundo se desenhava uma montanha verde, iluminada pela luz amarelo-avermelhada do por do sol, lançando feixes brilhantes por entre árvores centenárias.

Não me lembro de outros detalhes, mas sei que estávamos celebrando a vida.

E tinha música rolando. Tom Jobim.

Acordei com as imagens do sonho ainda claras e me recordei de quando nos conhecemos... 1982.

Lembra-se de como sofremos com a derrota do Brasil com aquele time maravilhoso que tinha Zico, Sócrates, Falcão e companhia?!

Dez anos depois, você me incentivou a escrever meu primeiro livro.

Disse que meu texto sobre paternidade fez soar sua particular música paternal e redigiu o prefácio.

Adorei! Que privilégio meu primeiro livro ter um padrinho do seu quilate!

O tempo passou e você subiu ao olimpo dos *best-sellers*.

Fiquei orgulhoso, mas não surpreso.

Há tempos eu conhecia sua competência, seu talento e sua paixão pelo trabalho.

E foi da paixão pelo trabalho – e não do rigor científico – que vieram as grandes obras e descobertas da medicina.

Estou terminando um novo livro.

Vou encaminhar o texto pelo correio.

Sei que você, como eu, prefere abrir uma carta a um *e-mail*.

Traços de um antigo romantismo.

Dê uma lida.

Sem pressa.

No *modus operandi* oriental.

E a gente se encontra no meu próximo sonho.

Beijos,

Malcolm

Carta aberta à mulher contemporânea

São Paulo, verão de 2015.

Eu te sonhei...

Talvez por estar, durante tantos anos, envolvido em cuidar da mulher.

Talvez por conhecer a cada dia mais profundamente seu corpo.

Talvez por respeitar suas oscilações hormonais.

Talvez por perceber atitudes que demonstram sua misteriosa força interior.

Talvez por testemunhar diariamente sua garra para ocupar um espaço que lhe foi negado durante milênios.

Talvez por ouvir suas inseguranças, sem julgar.

Talvez por esclarecer sua complexidade e desmistificar seus tabus.

Talvez por aprimorar a compreensão de seus sentimentos.

Talvez por respeitar sua subjetividade.

Talvez por tentar me colocar no seu lugar.

Talvez por agir, às vezes, como se fosse mãe dos meus filhos.

Talvez por não invejar sua beleza.

Talvez por aceitar suas fantasias sexuais.

Talvez por me sensibilizar com uma antiga música.

Talvez por eventualmente comprar flores para iluminar minha sala.

Talvez por alimentar um gato de rua.

Talvez por ter grande dificuldade em pagar por sexo.

Talvez por deixar um dinheirinho no bolso de um filho adulto.

Talvez por aprender a esperar.

Talvez por respeitar o imponderável.

Talvez por não confundir autoridade com poder.

Talvez por não cozinhar como minha avó, nem beber como meu avô.

Talvez por ensinar o amor da presença e o amor da ausência.

Talvez por ainda romancear e espiritualizar o sexo.

Talvez por insistir em apagar a luz para equilibrar o orçamento.

Talvez por minha vaidade não alcançar o narcisismo.

Talvez por muitas vezes acreditar.

Talvez por passar uma vida inteira cuidando...

Eu te sonhei uma mulher capaz de viver uma vida mais livre, mais consciente do seu corpo, de sua sexualidade e de seus papéis.

Uma mulher capaz de viver mais amplamente seus potenciais.

Que terá maior vitalidade por não se consumir por seus conflitos.

Menos reprimida, contida e, portanto, mais forte e saudável.

Mais realizada e gratificada por seus anseios pessoais e não submissa a condicionamentos sociais.

Uma mulher que saberá processar mais efetivamente sua experiência de vida, buscando maior compreensão de si para nortear suas escolhas.

Que tomará decisões mais seguras equilibrando razão e emoção.

Mais livre e com maior autonomia; imprevisível, portanto menos sujeita à manipulação.

Menos sensível a dogmas e códigos patriarcais e à padronização da mídia, voará mais alto, ampliando sua visão de mundo.

Dará maior suporte ao companheiro com o qual irá dividir a vida. Um incentivo mais realista.

Compreensão e tolerância, sim, dentro de certos limites.

Terá relacionamentos mais equilibrados, respeitando sua essência, seu corpo, seus objetivos.

Não confundirá "estar só" com solidão e fará de seus encontros e desencontros experiências únicas.

Te sonhei... te cuida!

Beijos,

Malcolm,

eterno aprendiz do teu mistério.

Sumário

Prefácio 19

Introdução 21

1   O que nos faz humanos 29

O destino é a liberdade 33

Amargo e doce começo 35

Sem fantasia 37

Entre o amor e o ódio 39

A melhor inspiração 41

Avesso do avesso 42

2   Fragmentos de uma história amorosa 47

O aconchego do colo materno 49

Identificação total .50

Misto de ódio e onipotência 52

Sob o domínio da paixão 53

Infinito enquanto dure 55

Vendo a vida pela mesma janela 58

O dia seguinte 60

Falta comunicação .63

Quando o amor se instala 66

Reflexões sobre o ciclo hormonal 69

Trabalho de bastidores 72

Estrogênio, o artesão da feminilidade 74

Progesterona, a guardiã do ninho. 77

Testosterona, o estimulante do desejo. 79

Preparando-se para a maternidade. 81

A força do instinto .84

Sangria ao longo dos tempos 86

Alívio para tormentos modernos 89

Desvelando a menopausa. 93

Extrema vulnerabilidade. 96

Os acontecimentos biológicos. 98

Primeiras intercorrências. 99

Sintomas principais 101

Surfando nas ondas de calor 103

5 A última menstruação e seus símbolos 107

Climatério e cultura 112

O estigma da velhice. 114

Os opressores da mulher 116

O terrorismo estético 118

Menos vale mais. 120

A tirania da mídia 122

Insegurança e poder 124

Vestindo a fantasia 126

Genuína beleza. 127

Tempo de florescer 128

6 Reposição hormonal sem mitos 131

Risco de câncer?. 136

A gênese do tumor 138

Fatores de risco 140

O paradoxo 142

A primeira mensagem é que fica 144

Dúvidas comuns. 147

Reposição hormonal engorda? 147

Até quando pode ser feita a reposição hormonal
após a menopausa?...................148

Recomendações gerais..................148

O que dizem os especialistas.............149

Visão do cardiologista – Carlos Alberto Pastore..150

Visão do dermatologista – Ligia Kogos.......152

Visão do mastologista – Waldemar Kogos.....157

Visão do endocrinologista 1 – Fabiano Serfaty..160

Visão do endocrinologista 2 – Alberto Serfaty..162

Visão do endocrinologista 3 – Filippo Pedrinola..163

Visão do cirurgião vascular – Salvador José
de Toledo Arruda Amato 165

Visão do psiquiatra – Ricardo Pupo Nogueira..167

Visão do psicoterapeuta de casal – Teresa
Bonumá.............................170

Amor, sexo e erotismo na maturidade.......175

O paraíso de Eva......................178

A recriação do olhar...................182

Diferente, mas não desigual..............185

De mulher para mulher.................186

Encanto quebrado 188

O incrível renascer 190

Erotismo e reprodução 194

Desejo zero 197

O valor da imaginação 199

Entre Marte e Vênus. 201

O amor maduro 204

Era uma vez a menopausa... 209

O caminho das pedras 213

Relato de paciente beneficiada. 216

Conclusão 219

Aos pós-menopausados (Entre os quais
me incluo) 225

Prefácio

Quando conheci o Malcolm, há mais de vinte anos, já escrevia sobre saúde e tinha muito contato com médicos. Mesmo assim, fiquei impressionada com seu jeito ímpar de lidar com as pacientes.

Competente, criterioso, gentil e, acima de tudo, humano. Incapaz de olhar para a mulher e ver apenas um útero doente, ele entendeu que a dor muitas vezes expressa feridas mais profundas, desamores gravados na alma.

Nos seus 40 anos de prática ginecológica, Malcolm não se acomodou aos caminhos seguros e previsíveis. Não lhe bastava oferecer o alívio físico. Sua inquietação o levou a procurar respostas em Darwin, Freud, John Lennon e outros que tiveram a ousadia de enfrentar as instituições para introduzir novos modos de pensar.

Malcolm pretendia transcender os sintomas e alcançar a autoestima; despertar a força feminina, que sempre reconheceu e admirou. Para isso escreveu livros – um deles inspirou um seriado de TV. Criou palestras musicadas que já emocionaram mulheres de norte a sul do Brasil. Temperou o saber médico com lirismo e paixão.

Este livro está alinhado com essa busca. *Era uma vez a menopausa* mostra como essa etapa pode ser vivida sem os sintomas que atrapalham o dia a dia da mulher, a começar das terríveis ondas de calor. Em vez de esperar que se manifestem para depois os tratar, o que em geral ocorre, o autor abre a possibilidade de fazer a travessia livre deles. Depois de vencer tantas lutas, libertar-se de opressores e ultrapassar a barreira dos 80 anos de idade, não faz mais sentido render-se a essa imposição biológica.

À primeira vista, talvez pareça um esforço para driblar o envelhecimento decorrente da valorização exagerada da juventude que se observa na sociedade atual. Uma análise mais cuidadosa revela, porém, que Malcolm não pretende negar o inevitável. Ao contrário, justamente por rejeitar preconceitos, rótulos e *scripts* fechados, ele desafia o senso comum ao oferecer a alternativa de fazer uma transição suave, sem desperdiçar tempo e energia com sofrimentos desnecessários.

Que ambos sejam direcionados a ações mais interessantes, eficazes, prazerosas, aos projetos pessoais, profissionais ou sociais que dão sentido à existência, enquanto os anos passam e a mulher caminha, com saúde e disposição, para viver uma bela velhice. Obrigada, caro Malcolm, por nos mostrar que isso é possível.

Cristina Nabuco

Jornalista profissional, escreve
sobre saúde e bem-estar para
Claudia, *Boa Forma* e outras
revistas de circulação nacional.

Introdução

"Doutor, eu não tive menopausa! Minhas amigas sofreram muito nos anos antes da última menstruação, com sangramentos irregulares, calores, insônia, secura vaginal. Eu, que já não menstruava desde os 39 anos, não enfrentei nenhum transtorno, nem esse ritual de passagem. Na comparação com elas, senti que fui abençoada."

A declaração de uma paciente de 57 anos chamou minha atenção para um fenômeno novo. Aos 39 anos, ela optara pela suspensão da menstruação, que a liberou do sangramento mensal e de cólicas, dores de cabeça e outros sintomas da tensão pré-menstrual e da endometriose. Quando alcançou a idade em que naturalmente começa a ocorrer o déficit de estrogênio, sinalizando a falência dos ovários que culmina com a menopausa, os implantes contraceptivos foram substituídos por outros destinados à reposição hormonal.

Desse modo, os ovários cessaram sua atividade de maneira silenciosa, sem queda brusca nas taxas hormonais, nem sintomas associados, o que já foi um ganho considerável, mas não o principal. O maior é de ordem emocional. Mais difícil do que lidar com os calores é passar pelo ritual mítico da última menstruação como anúncio do envelhecimento; como se o término do período fértil marcasse o início da decadência física

...Era uma vez a menopausa

e mental. Ela já não menstruava antes, continuou a não menstruar depois.

Confrontei essa história com a de dezenas de outras pacientes que acompanhamos na clínica. Percebi que estávamos diante da primeira geração de mulheres que escolheram não menstruar e ao chegarem à idade da menopausa fizeram essa passagem sem dramas e sobressaltos. Mulheres saudáveis e ativas, interessadas em trabalhar, viajar, namorar, ter vida sexual, sair com amigas, praticar exercícios físicos, desfrutar, enfim, da longevidade proporcionada pela medicina. Segundo o IBGE, o sexo feminino já ultrapassou a barreira dos 80 anos de expectativa média de vida em cinco estados brasileiros: Santa Catarina, Espírito Santo, Distrito Federal, São Paulo e Rio Grande do Sul.

Agora que vive mais e conquistou espaço no mundo machista, a mulher está cada vez mais empenhada em ter saúde e disposição e menos disposta a aguentar passivamente as agressões da natureza. Nesse contexto, a reposição hormonal bem orientada é um dos maiores avanços para a manutenção das funções do corpo, do psiquismo e da sexualidade. E melhor ainda quando a transição para o período não fértil ocorre suavemente.

Tive, então, a ideia de escrever um livro dissecando os mitos que envolvem a sexualidade feminina e alimentam o temor da menopausa, e contando como essa geração que desafiara o tabu de não menstruar estava fazendo a travessia sem turbulências.

"Era uma vez a menopausa", exclamou uma paciente muito bem-humorada que integra esse novo grupo

Introdução

de mulheres. Daí veio a inspiração para o título deste livro que você tem em mãos. Seu principal objetivo é desmistificar a menopausa, seus rituais e tabus culturais. Mas não só.

Espero que a leitura motive as mulheres – e também os homens – a respeitarem mais sua essência, seu corpo, seus projetos e a construírem vínculos (com o parceiro amoroso, o trabalho, a família, a comunidade) mais equilibrados e igualitários.

Tributo a um grande mestre

Diversos trabalhos científicos comprovaram os benefícios de suspender a menstruação, por isso a medida é largamente empregada hoje para tratamento e prevenção de tensão pré-menstrual (TPM), cólicas, endometriose e doenças inflamatórias pélvicas. E também tem sido adotada por quem busca maior qualidade de vida.

Essa tendência foi apontada por uma pesquisa do Centro de Saúde Reprodutiva de Campinas, interior paulista, divulgada em 2006. A maioria das entrevistadas (420 mulheres de 18 a 49 anos) afirmou que gostaria de menstruar em intervalos maiores do que um mês ou, se possível, nem menstruar. As autoras chegaram à conclusão de que se livrar da "obrigação" de menstruar seria a segunda etapa da revolução feminina – a primeira foi vencer a imposição biológica de engravidar, dar à luz e amamentar sucessivas vezes durante a idade fértil, possibilitada pelo acesso aos contraceptivos.

...Era uma vez a menopausa

Décadas antes já observava na minha prática médica esse desejo de não menstruar. No início dos anos 80, além dos vários plantões e trabalhos em ambulatórios, lecionava fisiologia médica no curso de psicologia das Faculdades Objetivo (atual Universidade Paulista, Unip), e era auxiliar de ensino na cadeira de ginecologia e obstetrícia da Faculdade de Medicina do ABC.

Na época, muitas alunas traziam o seguinte questionamento: "Professor, minha pílula anticoncepcional vai acabar hoje e vou sangrar justamente no feriado prolongado quando vou estar com meu namorado. Pô, ninguém merece, né, professor?". A orientação era: "Não faça a pausa entre uma cartela e outra. Comece uma cartela nova sem a interrupção de sete dias e só volte a dar o intervalo no fim da próxima cartela". Ou seja, suspender o sangramento que vinha com data marcada na semana de intervalo entre as cartelas da pílula já era anseio de muitas jovens!

Em um fim de tarde, conversando com uma aluna, a bela baiana Tess Coutinho, ela afirmou com seu sotaque característico: "Professor, você precisa conhecer meu pai!". Ela era filha de um grande visionário, que desde aquele tempo já causava polêmica ao afirmar que as mulheres não foram feitas para sangrar, mas para ter filhos, e qualificava a menstruação como sangria inútil.

Em 1982, no Congresso Brasileiro de Ginecologia, em Salvador, Tess gentilmente me apresentou seu pai: Elsimar Coutinho. Fiquei encantado com o homem, o médico, o professor e, principalmente, com sua cultura médica e geral – nesses anos todos de trabalho,

Introdução

conheci poucos médicos tão cultos. A amizade foi crescendo e me senti adotado por um pai científico de rara inteligência, generoso com pacientes e alunos, de uma segurança ímpar e um carisma invejável, além de uma absurda capacidade de comunicação. Anos depois, consegui convencê-lo a atender no meu consultório em São Paulo. Tive o privilégio de conviver com ele na clínica por uma década, mais ou menos, sempre tentando, a cada dia, aprender mais da sua cultura médica.

No decorrer da década de 1990, conheci também dois profissionais da minha especialidade que me impressionaram pela excelência da personalidade e capacidade científica: Ronald Bossemeyer, um gaúcho maravilhoso, e Lucas Machado, um mineiro que amo de paixão. São outros mestres que respeito e admiro.

Quando Elsimar Coutinho me orientou e me estimulou a usar os implantes anticoncepcionais e de reposição hormonal que faziam parte de suas pesquisas, tive absoluta confiança no método, mas dois fatos foram marcantes: a percepção do benefício e do sucesso nas pacientes e o desafio de enfrentar o conservadorismo e a militância dos opositores, que eram muitos!

Não foi fácil, como discípulo do mestre, defender sua tese de suspensão da menstruação, principalmente por ele ser baiano em uma época em que a arrogância de paulistas e cariocas ultrapassava o futebol do torneio Rio–São Paulo.

Mas tanto eu quanto Elsimar tínhamos grande abertura na mídia e nos congressos médicos, nos quais durante anos defendemos a aplicação dos implantes. Com a experiência clínica acumulada, desenvolvemos combinações e doses individualizadas. Além de ser um contraceptivo eficiente, os implantes demonstraram ação contra endometriose, cólicas menstruais, enxaquecas cíclicas, TPMs, com benefícios estéticos e poucos efeitos colaterais, superando outros métodos. Já os implantes de reposição hormonal apresentaram sucesso ainda maior.

Hoje me sinto feliz e realizado por ter confiado no mestre e em seus estudos. Por isso, ao iniciar este livro, faço um tributo ao grande professor que me fez enxergar mais longe, repetindo palavras escritas na passagem do século, no outono de 1999.

Querido mestre,

Por quase vinte anos tenho caminhado ao teu lado.

Se não pessoalmente, "linkado" virtualmente.

Cara, tua vida é uma maratona.

Um rali do sucesso.

Cavalguei com o homem-menino, incansável, alegre, dinâmico.

Voei com o homem universal, culto, inteligente, lúcido.

Abracei o homem-coração, solidário, generoso, afetivo.

Viril e fértil.

Semeador de conhecimentos por esse sertão afora.

Coração em formato de útero.

Carrega uma força de vida incomensurável.

E a sabedoria de muitos anos bem vividos.

É um privilegio estar contigo.

Mas aprendiz é um suplicante insaciável.

Quero outros vinte anos e mais vinte.

Por isso, te cuida.

Pouco acarajé e ainda muitos sonhos.

Em meu doutorado existencial, aprendi que, se a vida dá a um homem poder, seu caráter transparece claro como as águas de um riacho tranquilo.

Vi através do teu, a grandiosidade do teu amor.

Nômade e cigano. Próximo e referencial.

Valores de progenitor.

Toma este livro como um beijo filial.

Malcolm

O que nos faz humanos

O que será, que será?
Que vive nas ideias desses amantes
Que cantam os poetas mais delirantes
Que juram os profetas embriagados
Que está na romaria dos mutilados
Que está na fantasia dos infelizes
Que está no dia a dia das meretrizes
No plano dos bandidos, dos desvalidos
Em todos os sentidos
Será, que será?
O que não tem decência nem nunca terá
O que não tem censura nem nunca terá
O que não faz sentido...

"À Flor da Terra", Chico Buarque

Desde que a história humana começou a ser contada – há mais ou menos oito mil anos – a mulher e seu corpo sempre foram apresentados como um enigma misterioso, ora associado à santa e pura mãe, ora à poderosa e sedutora feiticeira. Benévola e violenta.

Mesmo no século XXI, a mulher continua retratada como um ser complexo e intrigante. Apesar de toda tecnologia disponível e dos avanços da ciência moderna, os ciclos menstruais mensais, passando pela gravidez e amamentação, até a última menstruação, permanecem envoltos em mitos, tabus e crenças. Os temas femininos seguem carregados de simbologia, o que impacta a visão e a própria vivência da menopausa.

Para entender como isso acontece, proponho um mergulho no desenvolvimento da sexualidade humana, que ocorre à medida que o ser humano estabelece vínculos afetivos, a começar do pioneiro, construído com a mãe desde os primeiros dias de vida.

O processo que nos torna homens e mulheres resulta de uma intrincada mistura de influências biológicas, culturais, familiares e sociais. Nós, seres humanos, nascemos macho e fêmea no âmbito biológico. Aos poucos nos identificamos com o masculino ou o feminino em termos psicológicos, até nos tornarmos homem ou mulher na esfera social.

A figura a seguir ilustra como os humanos são seres biopsicossociais.

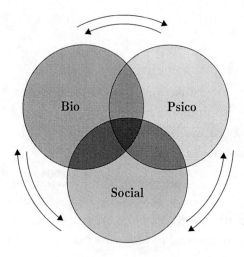

Quer dizer, a biologia continua dando as cartas. Darwin nunca deixou de marcar presença na sociedade. A biologia evolucionista, fundada por ele, é meu ponto de partida para explicar como se formam as relações afetivas.

As "características genéticas" herdadas de nossa família, presentes em nossa biologia, influenciam mais do que imaginamos. Não apenas a cor dos olhos, os traços do rosto, o ritmo do nosso metabolismo – reações químicas que ocorrem dentro de nossas células – e a tendência para ter essa ou aquela doença. Elas também afetam nossos sentimentos, pensamentos, comportamentos e a capacidade de criarmos vínculos sociais.

Sensações ditadas pela biologia, como fome e sede, frio e calor, que dependem de situações bioquímicas de nosso organismo, determinam comportamentos. Por exemplo, a fome pode levar um indivíduo a trabalhar em troca de um prato de comida ou roubar.

Nascemos com 23% do cérebro formado. O restante (77%) desenvolve-se fora do útero materno, após o nascimento, sobretudo nos primeiros meses de vida e mais lentamente nos últimos anos da adolescência.

Nosso cérebro cresce e diferencia-se de forma extraordinária, tornando-nos capazes de realizar tarefas mentais cada vez mais sofisticadas e ecléticas. E nos dá a consciência de que nossa passagem por este mundo real e físico tem um tempo limitado. Vivemos sabendo que, de absolutamente certo, só temos a morte: nosso corpinho maravilhoso vai se reintegrar à terra, às moléculas e aos átomos.

O destino é a liberdade

A região neurológica que orienta nosso comportamento, a psique, estrutura-se por meio de experiências, ideias e sensações surgidas no contexto: no convívio com o grupo familiar e com as regras e os códigos que organizam a vida em sociedade.

Os mais fortes e inteligentes instituíram hierarquias de poder que se mantêm até os dias de hoje, por meio da família, das religiões e das instituições.

Educar significa transferir para cada novo membro os costumes e as normas acumuladas pelo grupo familiar e social até aquele momento.

O contexto também afeta a biologia. Basta pensar no corpo de alguém que passa a infância em uma região poluída por gases tóxicos com alto nível de contaminação do ar, comparado ao de quem cresceu exposto ao ar puro de uma montanha.

Até nosso pensamento sofre interferência do meio em que vivemos. Outrora pelo rádio e pelo cinema, depois pela televisão e atualmente pela internet são disseminados valores da publicidade e propaganda que padronizam pontos de vista, gostos, aspirações, fantasias e objetivos. Quando não selecionamos com crítica e bom senso o que os marqueteiros nos empurram, até "sonhamos com o que o publicitário nos orienta a sonhar".

A partir de um cérebro pequeno, nossas experiências vão se ampliando em sintonia com o desenvolvimento neurológico e muscular. Ao controlar os primeiros movimentos, iniciamos a busca da autonomia e, consequentemente, o exercício da liberdade. É o que expressa a figura a seguir.

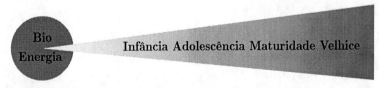

A autonomia nos confere saúde física, mental e comportamental para desenvolver um intelecto. Por meio dele, encontramos o equilíbrio entre nossa biologia instintiva de sobrevivência e as normas sociais. Nossa autonomia será sempre relativa. Afinal, somos animais gregários. Necessitamos de apoio e reconhecimento do grupo. Exercitamos nossa liberdade dentro dos limites do bom senso em uma sociedade civilizada.

A autonomia é essencial para escolhermos, em sintonia com nossos dons, uma atividade profissional que nos garanta sustento financeiro, gratificação pessoal e a oportunidade de contribuir, com um trabalho criativo e produtivo, para a comunidade.

Sistemas políticos como fascismo e comunismo tentam castrar nos indivíduos justamente a autonomia e a liberdade. Os "ditadores populistas" perseguem, encarceram, torturam e matam todos aqueles que ousam discordar de suas doutrinas totalitárias e antinaturais. Tolhem a liberdade de ir e vir, de ter opinião, de ler, ouvir, falar e escrever, de optar, escolher, criticar e apoiar ideias. E assim escravizam e mutilam a natureza humana.

E não vamos nos esquecer de que nos dias de hoje ainda se pratica, em vários países da África e da Ásia, a infibulação de meninas, isto é, a retirada do clitóris e o fechamento dos lábios genitais, deixando só um pequeno orifício para a saída do sangue menstrual.

Amargo e doce começo

Todos nós nascemos carentes, desamparados e dependentes por uma questão puramente biológica: a imaturidade do cérebro do recém-nascido. Não temos neurônios sequer para enrijecer e equilibrar nossos músculos a fim de nos mantermos sentados.

...Era uma vez a menopausa

O cérebro do bebê é tão primitivo que alguém tem de cuidar dele: alimentá-lo, limpá-lo e aquecê-lo no frio. A agonia da dependência biológica gera a dependência psicológica das relações. É preciso haver trocas mentais e corporais, fantasiosas e sensoriais.

Os vínculos iniciais são estabelecidos com o ser humano que atende às necessidades corporais do recém-nascido. Desde o primeiro dia de vida, ao ser tocado e acariciado, o bebê começa a armazenar experiências e sensações em seu "computador" neuronal. Essas passagens são impressas em seu cérebro associadas a significados. É a chamada "simbolização".

Um coração que bate forte tanto pode ser sinal de terror ou aconchego, conforme o que foi percebido por sua mente na resposta à sua necessidade corporal. Assim o ser humano desenvolve, em paralelo, um corpo sensorial e uma mente simbólica. Construímos diversos símbolos no decorrer da vida, o que é fundamental no amor e na busca da felicidade. A consciência vai se tornando refém do corpo, enquanto o que se imagina e conceitua é exatamente o inverso.

A parte mais antiga do sistema nervoso, que eu chamo de cérebro de jacaré e Freud denominou de inconsciente, garante a atividade biológica normal dentro de nós. O inconsciente conserva os impulsos animais e também os murmúrios secretos que a consciência não consegue deter, nem expulsar. Ali a lógica não entra.

Quanto mais o ser humano se desenvolve, mais se distancia da resposta instintiva do jacaré, que ataca para sobreviver. O cérebro vai se organizando como se fosse um sobrado: o andar superior é habitado por juízes autoritários e conservadores reunidos em uma corte suprema que avalia nossos atos comuns. No térreo mora um baiano pacato, de hábitos tranquilos, flexível e equilibrado. O porão acomoda um bando de adolescentes onipotentes e sem juízo, porras-loucas. Adoram orgias e bebedeiras noturnas.

Obviamente, não é fácil organizar essa pensão com moradores tão diferentes. Dependemos da força, da sabedoria e da flexibilidade do pacato cidadão do térreo. É ele quem negocia com os juízes controladores e os adolescentes sem limites.

Essa turma do porão abriga o desejo contido, que só aparece no sonho, quando a censura está dormindo e nossos fantasmas abrem a porta do inconsciente.

O cidadão do térreo precisa enfrentar seus impulsos destrutivos, guardados no porão. Quando tenta escondê-los ou reprimi-los, fica mais propenso à violência.

Se o desenvolvimento do cérebro não ocorrer de forma adequada, permitindo a convivência pacifica dos três moradores, razão e emoção podem se distanciar. Daí talvez surjam adultos com enorme riqueza intelectual, mas uma tremenda pobreza emocional.

Sem fantasia

A história amorosa do ser humano tem início após um corte, uma separação, a perda da estabilidade uterina.

Na cena original, a vida sempre começa e termina em sordidez. O parto é um espetáculo violento e assustador

...Era uma vez a menopausa

quando realizado sem os recursos da obstetrícia moderna e observado sem os olhos da imaginação.

Em termos estéticos, a menstruação e o parto são eventos de assustadora miséria. Santo Agostinho dizia: "Nascemos entre fezes e urina". Eu acrescento: "Entre sangue e gritos de dor".

Até podemos, masoquista, sádica ou romanticamente, não importa a fantasia, classificar a hora do nascimento como sublime. Mas não é! A crueldade daquele momento em que o bebê sai do canal do parto, com suas lacerações e seus arrebentamentos genitais, talvez esteja mais perto da realidade. Demonstra a agressividade da natureza no processo reprodutivo.

Maternidades bem equipadas e assistência asséptica nos distanciam desses mistérios primitivos. O parto civilizado alimenta essa ilusão.

A primeira separação inicia-se no corte do cordão umbilical. A impressão de desamparo resultante da falta de oxigênio é vivida de modo desorganizado pelo imaturo cérebro do bebê. O sufoco gera o primeiro movimento respiratório, convulsivo e agonizante. Ao respirar sozinho, o bebê vence a primeira sensação de agonia na busca de autonomia. Ele respira, e isso lhe acalma a necessidade de oxigênio. Depois, suga o leite, e isso lhe aplaca a fome.

Mas até para chegar à fonte do leite o recém-nascido precisa de ajuda. No relacionamento com quem oferece essa ajuda, ele inicia seu desenvolvimento amoroso e sexual. A energia que brota dessa desorganização e impressão de desamparo é o que chamamos de

O que nos faz humanos

amor. Nasce aí a associação entre cuidar e amar, entre sobrevivência e relação. Quem cuida de mim me ama. Se sou cuidado, sou amado e sobrevivo.

Anos depois, fica difícil entender que o amor não é uma função. O caminho até lá é longo e sofrido. Somos aquelas almas penadas, que vagam à procura de paz, aconchego e serenidade, perdidos após o parto.

Entre o amor e o ódio

O amor não surge sozinho. Vem acompanhado de seu irmão gêmeo, oposto e contraditório, o ódio.

De forma caótica, amor e ódio brotam da mesma essência. Um e outro habitam as trevas de nossa mente. Estão perto de nossa consciência, separados por uma tênue fronteira. Podem ser fantasmas assustados, dançarinos e aventureiros. Ou, ainda, pequenos duendes safados, cheios de sonhos e esperanças.

Desde o berço, amor e ódio se misturam: há a necessidade de ser amado (cuidado) e o ódio por depender absolutamente desse cuidado (amor) e jamais o receber o tempo todo na medida em que desejamos.

No espanto e no terror, começamos a nos relacionar com o medo. Vocês podem imaginar o que representam, em termos de segurança, o pai e a mãe para uma criança pequena? Já presenciaram o terror incomensurável de uma criança perdida em um parque?

Emoção é caos. A fuga da emoção para a razão não passa de uma tentativa ingênua de enquadrá-la, classificá-la e controlá-la.

Emoção é paixão; um misto de erotismo e agressividade.

Para ser feliz, o ser humano precisa encarar um duplo desafio: desenvolver o amor e atrofiar o ódio. Haja coração!

Todos os dias, cada um de nós é chamado a viver a experiência amorosa. Com a mãe, o brinquedo, a casa, o quintal, o corpo, a luz do sol.

Porém, o medo de ser livre assusta. O medo de ser feliz e depois perder a felicidade, também. Tudo isso dificulta a vivência do amor e facilita o predomínio do ódio. Ser feliz dá mais trabalho.

Então o ódio torna-se mais cotidiano na vida mental. Esse sentimento que limita, separa, discrimina e julga, sem formar vínculos saudáveis.

Para desenvolver o amor, é necessário saber que o ódio está ao lado, à espreita. Ambos coexistem há milhões de anos. Ninguém é dono de um, nem de outro. Somos apenas veículos para que o amor ame ou o ódio odeie em nós.

Quando estou com raiva, dou passagem a todos os ódios contidos dentro de mim. Posso até canalizar para meu corpo ou os exteriorizar sob máscaras diferentes.

A mãe dominada pelo ódio pode ser incrivelmente prejudicial para o filho. Aquela que dá vida também bloqueia o caminho da liberdade. Ela gruda! É uma simbiose. Esse grude pode aumentar a sensação de desamparo.

Quantas barreiras os filhos precisam derrubar para crescer! A relação familiar é um teatro lotado de conflitos (amor e ódio). E na vida, todo encontro com "amigo ou inimigo", ou todo choque com autoridade, revive os traços perversos do romance familiar.

O ódio prende. O amor liberta. Pai e mãe demonstram amor quando permitem que o filho trace sozinho seu caminho, dê suas cabeçadas e colha os louros por si próprio. O bom pai e a boa mãe são aqueles que, aos poucos, tornam-se desnecessários. Do contrário, é posse. E no poder prevalece o ódio.

A melhor inspiração

O primeiro grande amor de nossa vida são os pais ou as pessoas que os substituem. Dependemos dessas figuras para desenvolver nossos valores – embora nem tudo decorra só dessa relação. A experiência prática mostra que às vezes os pais plantam milho e colhem pepinos.

A maioria de nós, mortais comuns, necessita de bons pais por perto. Por "bons pais" entenda-se uma forma humana e não idealizada de paternidade e maternidade.

Ninguém fica doente porque os pais trabalham fora de casa. O amor na ausência também deve ser ensinado. Da mesma forma, ninguém fica doente porque os pais brigam ou se separam. As pessoas piram porque os pais não brigam a briga certa. Nem entre eles, muito menos com os filhos.

O importante não é ter pais bonzinhos, certinhos, politicamente corretos e mecanicamente afetivos, mas pais de carne e osso, que amam e odeiam de forma transparente e humana.

As crianças precisam de inspiração. O que realmente faz diferença é saber se os pais emocionavam os filhos e se os filhos faziam disparar o coração dos pais.

Quando percebem que não emocionam seus pais, as crianças desconfiam de sua capacidade natural de despertar o amor e constroem uma imagem de fracasso das próprias emoções: de seu amor e de seu ódio. Passam a confiar só na aparência, no desempenho, no intelecto. Aprendem a jogar, manipular, chantagear.

Podem tornar-se gigantes no intelecto. Deusas sensuais na imagem. Profissionais eficientíssimos no trabalho. Mas serão anões de coração, emocionalmente caquéticos, sofrendo de raquitismo crônico de movimentos emocionais.

Super-homens no desempenho, supermulheres na passarela social, porém vulneráveis e dependentes. Na aparência, carismáticos e sensuais, mas insossos e deficitários no calor das trocas sexuais.

Vendem a alma e não entregam o corpo ou entregam o corpo de alma vendida. São "leões de treino", mas tímidos nas finais de campeonato. Nas decisões. Nas escolhas.

Tremem em público. Buscam, todo o tempo, a autoestima e a autoimagem no outro, como um espelho. E acabam se fixando na inveja, em vez de prosseguirem na evolução do amor.

Avesso do avesso

Mas há quem não se abata com o fracasso. Certas pessoas parecem nascer com um *chip* programado para

O que nos faz humanos

enfrentar desafios enormes. Um fator inato, genético, cósmico, misterioso, mágico!

Obstinadas, demonstram força incomensurável para superar as adversidades. Trazem uma espécie de fé instintiva tão inabalável quanto a crença na bondade e na efetividade das outras pessoas. E essa fé resiste às situações mais cruéis que a vida lhes possa impor.

Convivem com a inveja que os outros têm de seu sucesso de forma tão brilhante que, apesar das mais gritantes evidências em contrário, conseguem despertar, um dia, o lado belo dos invejosos.

Contabilizam o positivo! Perseverantes, confiam em si mesmas. Não temem o que não necessita ser temido. Jamais perdem a esperança, a ousadia, o atrevimento e a audácia de se jogar de corpo e alma na aventura que é viver.

Apreciam a realidade amorosa e não a idealização. Lúcidas e realistas, enfrentam a vida como ela é. Mas nem por isso deixam de ser líricas, afetivas, ternas e emotivas. Sabem que a felicidade está no processo e não no resultado.

Agem com grandeza, sentem grande, pensam grande. Não legitimam a mediocridade, a hipocrisia, a avareza e a mesquinharia. Odeiam certo. Amam certo. Entregam-se certo. Poupam-se certo.

São iluminadas. Têm a inteligência do bom humor. Riem da própria fraqueza. Porque se aceitam humanos, desenvolvem a resignação dos sábios. Só um tiro no peito, e bem no meio do coração, pode conter a avassaladora vida que elas têm.

Com certeza você conhece alguém assim. Será o pipoqueiro da escola, o técnico do time, a faxineira da empresa, a clínica-geral da Santa Casa do interior? Todos eles apresentam essa rara qualidade descrita nos versos de Vinicius de Moraes:

> *[...] Resta, acima de tudo,*
> *essa capacidade de ternura,*
>
> *[...] Resta esse antigo respeito*
> *pela noite, esse falar baixo.*
>
> *[...] Resta essa tristeza diante do cotidiano,*
> *Resta essa vontade de chorar diante da beleza.*
>
> *[...] E essa coragem para*
> *comprometer-se sem necessidade.*
>
> *[...] Resta essa faculdade incoercível*
> *de sonhar e transfigurar a realidade.*
>
> *[...] Resta esse constante esforço*
> *para caminhar dentro do labirinto.*
>
> *Esse eterno levantar-se depois de cada queda.*
>
> *Essa busca de equilíbrio no fio da navalha.*

"O Haver", Vinicius de Moraes

No extremo oposto da curva de Gauss, há pessoas que recebem de graça todos os instrumentos possíveis para estar de bem com a vida. Têm oportunidades maravilhosas, ricas e inspiradoras, mas jogam tudo fora.

O que nos faz humanos

É gritante sua falta de vocação para a vida. Embaçam seu futuro com escolhas erradas. Quando é hora de avançar, recuam. Contabilizam só o lado obscuro das pessoas.

Seus relacionamentos são tensos, "adrenalizados" e autodestrutivos. Irradiam uma energia negativa e um terrível baixo-astral. Qualquer adversidade que a vida lhes impõe desperta o mais intenso ódio contido em sua pobre vida afetiva. Nelas, a inveja predomina. São azedas e vulneráveis.

Certamente você já trombou com esse tipo desagradável. O maior segredo para conviver com essas criaturas é não as assustar. As cobras estão sempre à espreita, mas só atacam quando estão com medo. Para evitar o susto, caminhe a passos leves, sem fazer alarde. Fale pouco, só o necessário. Ouça mais. Demarque bem seu espaço para protegê-lo. A cobra não sabe demarcar território, por isso vive assustada. Ela enxerga de baixo para cima. Seu espaço é restrito.

O ser humano pode pensar, elaborar estratégias de conveniência e agir. Precisamos identificar as cobras e estabelecer a distância certa, para que, no caso de um bote, elas caiam em área morta, longe de nossa perna. Delimitada a distância, a cobra não entra no espaço alheio. O medo e a insegurança dela desaparecem. A relação fica mais tranquila.

Do contrário, a cobra fica desorientada – o que é um perigo! – e invade nosso território. Aí ficamos à mercê dela. E assustados, nós com ela; ela conosco. Jamais esqueça: uma cobra é uma cobra, não vai se transformar em sabiá cantador. Um adulto invejoso jamais evoluirá para um espírito solidário e amoroso.

Não se trata, portanto, de uma equação matemática: se mal-amados e rejeitados, cresce o ódio; se bem-amados e paparicados, cresce o amor. O desenvolvimento afetivo não ocorre de forma linear, e sim por progressões e regressões. Em uma caminhada saudável, a progressão deve ser maior que a regressão. É um evoluir dinâmico. A vida dá a grande chance de alimentar muitos amores e desamores.

Fragmentos de uma história amorosa

Agora eu era o herói
E o meu cavalo só falava inglês...
[...] Eu enfrentava os batalhões,
Os alemães e seus canhões.
Guardava o meu bodoque
E ensaiava rock
Para as matinês
Agora eu era o rei,
Era um bedel e era também juiz
E pela minha lei
A gente era obrigado a ser feliz...

"João e Maria", Chico Buarque

Um longo caminho separa o amor, fruto do desamparo e da dependência, do sentimento que é privilégio de pessoas amadurecidas. "Amor começa tarde", diz o poeta Carlos Drummond de Andrade. Uma das fases mais marcantes nesse amadurecer é a da paixão, da alta idealização, descrita por Chico Buarque em "João e Maria".

Reconstituir a história amorosa – as etapas da evolução do amor – contribui para elucidar o desenvolvimento da sexualidade e seu impacto na maneira como a menopausa é vivida. Comecemos, então, a reunir esses fragmentos desde os primeiros meses de vida.

O aconchego do colo materno

O que um bebê busca no colo e no seio da mãe é paz, aconchego e segurança. Ainda não existe desejo sexual envolvido. O outro alivia a dor relacionada à sensação de desamparo, o vazio, o medo, a fragilidade que sentimos enquanto somos imaturos e dependentes. As ameaças do mundo desaparecem no colo da mãe e no abraço do pai.

É um prazer que se equilibra pela *necessidade* ou *falta*. Em termos médicos, dizemos que os vínculos dessa relação "amorosa" são de natureza homeostática: destinam-se a corrigir um desequilíbrio.

Trocando em miúdos, o amor infantil deriva de uma "patética falta de recursos". O bem-estar do bebê associa-se principalmente à boca voraz e ao leite, em um processo de "incorporar e tomar para si" que adquire grande significado como meio de evitar ou expulsar o sofrimento e as consequências nocivas de sentimentos agressivos. O impulso de tomar algo para si a fim de intensificar a sensação interna de bem-estar está vinculado a um mecanismo bem primitivo de nossa função mental. "Tomar para si" constitui um importante mecanismo de defesa sempre que há insegurança e dependência. Em qualquer desses casos, é evidente a conexão de voracidade e cobiça com insegurança.

As experiências com nossos irmãos e amiguinhos na infância ampliam nosso convívio. Somos levados a exercitar a relação com pessoas diferentes. Ao enfrentarmos as primeiras oposições a nossos desejos, iniciamos a negociação de acordos, concessões, composições e parcerias.

Essas experiências bem vividas nos ajudam a ser mais compreensivos e tolerantes com o mundo que nos cerca no decorrer da vida. Portanto, podem desembocar no respeito à diversidade cultural, social e religiosa. Ou não.

Identificação total

Crescemos e pulamos o muro de casa. Se nos limitarmos àquele espaço emocional, é "incesto". Saímos, então, em busca de outro vínculo de apego.

O terceiro amor é homossexual no sentido das identidades. Explico: no início da adolescência, nossa paixão é a turma. Os amigos, para os meninos. As amigas, para as meninas. Nossa turma é nosso paraíso. Um olimpo! É um clube fechado que elabora planos e execuções mirabolantes. Ai de quem falar mal do amigo! Todos têm as mesmas dificuldades, sonhos e esperanças. A identificação é total! Essa guinada para fora coincide com a entrada em cena dos hormônios sexuais.

Na puberdade (entre 10 e 14 anos de idade), os indivíduos se aproximam com intenções diferentes de uma brincadeira ou jogo. Começam os ensaios para a temporada sexual reprodutiva, que será aberta em breve. Nas baladas, a paixão rola solta. Mas poucos iniciam um namoro mais sério nessa idade.

A figura a seguir esquematiza o que ocorre quando dois púberes de gêneros diferentes começam a se relacionar.

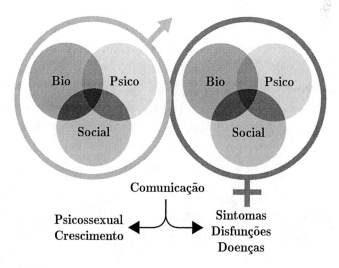

Na adolescência, o estímulo hormonal direcionado a preparar o indivíduo para a reprodução produz um natural afastamento dos pais. Queremos amigos, namorados, outras *"companhias"*. A busca de um parceiro ou de uma parceira também se destina a diminuir a sensação de desamparo.

O distanciamento natural dos pais – saudável para empurrar o filho na direção de sua autonomia – pode alicerçar um vínculo afetivo substitutivo.

Mas o jovem é um emaranhado "psicodinâmico". À genética pessoal, somam-se os códigos socioculturais e religiosos. As novas relações colocam em xeque as "diferenças" e "afinidades".

Quem abraça alguém nesse início de busca amorosa abraça o romance familiar desse alguém. Não há relação neutra. Mas nessa fase, particularmente, as alternativas são ainda mais limitadas: ou o parceiro(a) te põe para cima ou para baixo.

Misto de ódio e onipotência

No auge da energia vital e sexual, nossa cabeça centra-se totalmente em nós mesmos. Nossos interesses são prioridade. Apesar de toda a insegurança desse período, somos tomados pela sensação de onipotência. Apaixonamo-nos pela fantasia de que somos o máximo.

Segundo meu querido amigo, o psiquiatra Içami Tiba, no olimpo juvenil o mundo se move sob verdades próprias:

– As gatinhas nunca engravidam.

fragmentos de uma história amorosa

– As drogas nunca viciam.

– O futuro é já.

– Acidentes de carro só acontecem com otários.

– Para passar de ano, basta dar uma lida na matéria às vésperas da prova final.

– Meu computador é meu mundo.

– Acompanho tudo pelo meu celular.

Há outra característica típica desse período: o prazer de rejeitar o irmão mais novo. Adolescentes encontram uma maneira simples de lidar com o conflito entre os opostos amor e ódio, que ainda caminham juntos porque continuamos dependentes e desamparados. O amor, eu deixo para meus amigos maravilhosos, perfeitos, solidários e inteligentes. O ódio vai para meu irmão mais novo, que não entende porra nenhuma e insiste em querer brincar comigo, que já sou um deus grego, lindo, forte e esperto. A solução é "dar porradas no pirralho". Resolver tudo e não ter mais "encheção de saco".

Sob o domínio da paixão

O amor adolescente é imaturo e idealizado: "Eu sou você, você sou eu". Horas e horas de telefone depois da aula. É assunto que não acaba mais. Fazem tudo juntos, colados. É comunhão e continuidade.

Estudando a química da paixão, observamos altas dosagens de dopamina e baixas concentrações de serotonina. Esse perfil de neurotransmissores assemelha-se muito ao que se verifica no transtorno obsessivo compulsivo (TOC).

Na mente imatura, não existe a interferência de processos racionais. É passional. A fusão pela paixão funciona como se as pessoas se dissolvessem.

Embora mobilizada pelo desejo de ser feliz e completo, essa sensação é uma grande violência. A diferença é que o êxtase romântico/erótico não é definitivo. São nuvens passageiras. Chuvas de verão. Essenciais, porém, ao nosso desenvolvimento amoroso.

Em sua realidade mais pura, o domínio da paixão é o da violação. A essência desse processo é a mais agressiva separação. Na lírica e sofrida adolescência, a paixão dá ao ser humano a ilusão de que pode escapar do isolamento causado pela sensação de desamparo ao romper os laços de dependência absoluta dos pais.

Acionamos novamente todos os nossos ódios contidos. Que ótimo poder viver velhas emoções e renová-las de forma mais madura! A essa altura já devemos ter mais recursos para administrar a crise.

A doença nasce do excesso. Doença física, distúrbios de comportamento. Como evoluímos em progressões e regressões, tudo isso pode repetir-se lá na frente.

Alguns casais que vivem anos juntos podem fundir-se de tal forma que nem maçarico separa. Quando a neurose aprofunda-se e, de repente, um resolve cortar o vínculo, a dor da separação pode causar danos irreversíveis.

Infinito enquanto dure

O amor idealizado emerge infinito e eterno. Acalentado pelos trovadores e poetas, potencializado pelos hormônios e alicerçado pela necessidade de um vínculo de apego que substitua nosso amparo infantil.

Dois compositores abordaram a fusão e a perda de individualidade que ocorrem na paixão. O Tremendão expressa a ingenuidade do primeiro amor.

Eu queria ser

O seu caderninho

Pra poder ficar juntinho de você.

[...]Você me abriria para me estudar

E se assustaria

Ao ver revelado meu rosto

Te olhando e dizendo baixinho:

Benzinho, não posso viver longe de você.

"O caderninho", Erasmo Carlos

Chico remete-se à sensualidade da paixão, em uma de suas mais belas composições.

Se ao te conhecer, dei pra sonhar,
fiz tantos desvarios

Rompi com o mundo, queimei meus navios
Me diz pra onde é que ainda posso ir
Se nós, nas travessuras das noites eternas,
Já confundimos tanto as nossas pernas
Diz com que pernas eu devo partir.

"Eu te amo", Chico Buarque

Na paixão, escolho uma pessoa na multidão. Alguém que torne possível o crescimento do meu amor rumo a uma identidade mais definitiva. Então passo a me identificar com ela, que representa a possibilidade de satisfazer minhas necessidades afetivas e sexuais.

Amor, nesse estágio, é um conjunto de premissas positivas que um sente pelo outro. O mais interessante é que todas as qualidades desse "eleito" são idealizadas. Sou eu quem está inventando uma pessoa. Coloco no outro a possibilidade de me salvar.

O psicólogo e escritor Wolber de Alvarenga afirma: "Se eu faço de alguém a única fonte de vida para mim, eu morro e, de alguma forma, eu mato esse alguém".

Escolho uma estudante de administração porque sou desorganizado e tenho grandes dificuldades para lidar com dinheiro. Além de ser a mulher amada, ela também pode ajeitar minha vida financeira.

E assim vou encontrando justificativas:

Fragmentos de uma história amorosa

– Adoro mulheres claras e ela é uma loira maravilhosa.

– Gosto de comer bem e ela fez curso de culinária japonesa.

– Sou introvertido e ela, extrovertidíssima. Quem sabe aprendo a me soltar um pouco.

– Sou separado com dois filhos pequenos e ela, em minha fantasia, é maternalíssima.

O que atua aqui são basicamente três conhecidos processos psicanalíticos, como se pode observar no quadro a seguir:

---

1. Pactos inconscientes

A companheira responde às minhas necessidades.

Eu a invento. Eu me identifico.

Se ela está feliz, eu estou feliz.

Se ela sofre, eu sofro.

Há solidariedade total e irrestrita.

2. Dependência mútua

Quero conta conjunta, afinal somos um.

Ela me completa. E se empenha em cuidar de mim.

Atenua minhas ansiedades.

Ao seu lado, eu relaxo.

(continua)

(continuação)

> ### 3. Soldagem/fusão
>
> Ela é o ar que respiro.
>
> Se faltar, eu morro.
>
> É tão maravilhosa que perto dela não posso falhar.
>
> Preciso corresponder a todos os seus desejos e expectativas.

Dá para perceber o vazio embutido nesse amor idealizado ou nessa dependência infantil? Ao resolver se casar com a amada, o apaixonado legaliza e assegura o direito de posse: "Vai ser minha (meu) para sempre". Contrato eterno. Posse, poder e ódio.

Desse modo, vamos nos protegendo com uma fortaleza imaginária contra a solidão. Fortaleza que prende, cerceia e nos emudece.

Vendo a vida pela mesma janela

O meu primeiro amor chegou aos 18 anos.

Uma obra de arte emoldurada em realidades intensas.

Olho no olho, seguido de um sorriso tímido.

Clara como um riacho de águas límpidas. Longos cabelos loiros escondendo sonhos dourados. Corpo que sequestrava meu olhar rendido e prendia minha respiração.

Ofegante e com a vista embaçada, vi e senti curvas e cheiros por frestas de luz.

fragmentos de uma história amorosa

Exalava o aroma extravagante de um anjo pornográfico rodriguiano.

Não havia atalhos que desviassem meu pensamento da sua imagem.

Thaís era uma menina suave. Linda! Sua presença me impregnava de sonhos.

Na noite em que finalmente nos aproximamos, sua ausente presença roubou-me o sono. Ah, que insônia feliz!

Eu a queria. Sentia que adoeceria se não conseguisse conquistá-la.

Seu sorriso e sua voz cadenciavam em meu peito uma taquicardia audaciosa.

Minhas pernas tremiam delirantes ao sentir seus braços em cruz anunciando um abraço.

Numa antecipação do canto de Rita Lee, o escurinho do cinema foi palco da coreografia tímida de minha mão tateando a dela.

O primeiro beijo teve gosto de beijo roubado.

Iluminados por uma luz negra, numa festinha de garagem, sob os acordes de uma balada de Lennon & McCartney, a primeira ereção se impôs teimosa aos olhos assustados de minha musa.

Juntinhos, mãos dadas, num banco de praça do Jardim Paulistano, naquele tempo em que São Paulo parecia aconchegante e segura como o colo de uma velha tia do interior, adorávamos fazer projetos para o futuro.

Crianças correndo eram iguais aos desvarios de filhos sonhados.

No corpo de uma centenária seringueira que nos protegia desenhamos um coração flechado.

Nos domingos, no Teatro Record, embarcávamos no voo mágico e lírico das canções de Roberto e Erasmo, os menestréis de uma década cativa de poesia e revoluções.

Muitas vezes fui ninado por suas mãos, que penetravam em meus cabelos como que investigando sonhos.

E, num tempo em que fervilhava o vanguardismo, o atrevimento tão vital ao amor se fez presente.

Num momento de extrema delicadeza, compartilhamos a desconcertante emoção do sexo.

Toquei seu corpo com a maestria de um violinista sem conhecer uma só nota de sua música.

O dia seguinte

Um dia, a idealização acaba. A percepção da diferença pode começar no primeiro café da manhã.

Ela leu em uma revista feminina que "Amar é..." e mandou um *breakfast* internacional com frutas secas da Grécia, *croissants* da padaria Fouchon, da Place de La Madeleine, em Paris, leite de cabra asiática, patê de ganso californiano... Mas ele já tinha saído para tomar uma média com ovo cozido no boteco do Luizinho e voltou com um palito de dente na boca, que dançava alegremente do canino esquerdo ao pré-molar direito.

Fragmentos de uma história amorosa

Nas primeiras férias juntos, ela queria esquiar em Vail, no estado americano do Colorado, passando rapidamente por Nova York para assistir a um balé e, na volta, quem sabe, jantar no Love d'Argent, em Paris.

Ele insistia em mostrar a ela a beleza do Pantanal, a emoção de fisgar um pacuaçu aos 40 graus, sob essência de Autan e usando um *jeans* para protegê-la da esquadrilha de mosquitos que atacavam na hora romântica e poética do entardecer.

Aí, como "Amar é...", cada um resolveu participar do mundo diferente do outro com o desejo secreto de transformá-lo. Porque, segundo a lógica católica, "O AMOR MUDA TUDO". Não se pretende aceitar o outro. A intenção é reformá-lo.

– Eu morro, mas esse orangotango vai aprender a tomar o *breakfast* intercontinental anunciado na revista feminina.

– Eu me estouro, mas essa mimada vai tomar sopa de piranha na margem do Rio Cururu.

– Eu me arrebento, mas esse tigrão da Zona Leste vai aprender a apreciar um quadro de Miró.

– Eu me detono, mas essa metida do Jardim Europa vai comigo ao pagode do Chiquinho dançar axé.

E, às margens do Sena, ele acaba desidratado por diarreia decorrente de uma retocolite... Porque "o amor muda tudo".

E ela é internada às pressas em uma clínica chiquérrima do interior do Mato Grosso com gastroenterocolite agudíssima proveniente do ódio acumulado naquele acampamento cafona e imundo, engasgada com uma costela de pacuaçu.

E tudo o que foi idealizado despenca rápido. E agora? Cadê o desejo? O tesão acabou? Sexo é outra viagem.

A sexualidade envolve equilíbrio entre as várias esferas da vida, como demonstra a figura a seguir:

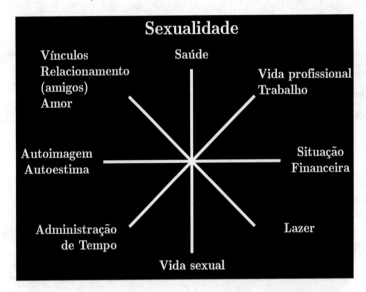

Nesse sentido, envolve não apenas a autoestima (como me sinto) e a autoimagem (como me vejo), que englobam a estética para a mulher e o trabalho para o homem. Mas todos os bons e maus hábitos que, junto com a genética, contribuem para a saúde geral. Também a educação escolar e universitária, que contribuem para o sucesso financeiro, propiciando o mínimo de autonomia e privacidade. E, ainda, o quanto priorizamos nosso tempo entre trabalho e lazer (esporte, cultura

Fragmentos de uma história amorosa

etc.). E, finalmente, os vínculos afetivos e as amizades que estabilizam a tendência gregária do ser humano em sintonia com o desenvolvimento da afetividade.

Na verdade, o amor não muda nada. Simplesmente administra o que é. E o que é vai continuar sendo sempre um mistério. A descoberta desse fato frustra. O tamanho da decepção é proporcional à distância entre o idealizado e o real.

– Meu Deus, ela não era graciosamente extrovertida. Ela era uma exibicionista compulsiva.

– Ele não estudava administração de empresas: tinha um curso de contabilidade por correspondência.

– O cabelo era oxigenado, o peito de silicone e ainda roncava à noite.

– Ele odiava crianças. O que ele chamava no início de "filhinhos adotados", meses depois virou "os filhos do babaca do seu ex miserável".

Falta comunicação

"Perto da deusa e do deus não podemos errar", disse a brilhante psicanalista Melanie Klein para explicar a situação em que ficamos diante de um amor idealizado.

Na visão cristã, não se pode pecar sob os olhos vigilantes do Deus Todo-Poderoso. É horrível! Deus, aquela figura querida e amada, vira um perseguidor infernal. E assim você sente a necessidade de odiar alguém. Mas como odiar o representante do amor? Vamos precisar de outro personagem.

A Igreja católica convocou um cafajeste, mau-caráter, tarado, *bad guy*, para o papel de diabo, o representante do ódio. Você pode ficar à mercê dele e se fixar no ódio, ainda que prefira dar asas ao sentimento oposto.

Ao desenvolver o amor você terá de entrar em contato com essa ambivalência. Na vida mental, é exatamente assim: existe o bom e o ruim. Temos de conviver com esses elementos contraditórios. E aprender a administrá-los. Deixar de ser Deus e diabo. E ser gente. Assumindo ambiguidade e contradições.

Isso serve para mim e também para o convívio com outro. Quando me deparo com o lado sapo do príncipe encantado, um ódio mortal toma conta de mim. Fico me odiando, me acho um idiota e generalizo meu ódio. Ninguém mais presta.

Mas não termina aí. Preciso transformar esse sentimento em ação. Então, brigo. E, se não brigo, adoeço.

Por trás das queixas de problemas sexuais e amorosos muitas vezes há uma imensa dificuldade de comunicação.

Ele fala alemão, ela, chinês, e tentam, em vão, achar um dialeto comum. Não funciona porque cada um está falando consigo mesmo, com seus próprios desejos projetados no outro. Não se fala realmente com o outro!

O desfecho é conhecido:

– Não converso. Nossa comunicação não existe.

– Eu me sinto mal! Não tomo as atitudes certas.

– Estamos juntos, mas, na verdade, já separados.

Total desencontro. Sobram ressentimentos. Exílio. É o ressentir, talvez, de perdas e frustrações mais primitivas. Em cativeiro de um sequestro imaginário. Paralisia.

Nesses casais que se aguentam em nome de... podemos perceber claramente que adoecemos por alguém, para alguém ou com alguém.

Quem está por trás dessas uniões patológicas é um sentimento delicado e perigoso que já tivemos de enfrentar no passado, o ódio, agora transvertido de inveja: "Eu não quero mais essa pessoa. Nunca mais vou confiar no amor. Porque o amor é fonte de tristeza e sofrimento. Não adianta se entregar".

Quando identificada, a inveja tem papel importante no desenvolvimento amoroso. Ao percebê-la, podemos entender essas diferenças e aceitá-las, se houver maturidade. Então o amor se instala com maior profundidade.

Do contrário, se negamos a inveja e ignoramos a diferença, perdemos a oportunidade de aprimorar em nós os valores que encontramos (e invejamos) no outro.

Perde-se o sonho, a esperança, e cada um fica vigiando para que o outro não seja mais feliz do que o outro: "Se eu não for feliz, ele também não será". E segue à espreita de que o outro diga que o ama, porque amar é... AGUENTAR até o fimmmm...

Imaginem Julieta contratando um advogado especializado em divórcios para exigir uma pensão milionária de Romeu.

Em certa óptica, todo amor é uma batalha, um combate, uma luta com fantasmas. Amando aqui, odiando ali, invejando acolá. Admirando, agredindo, acariciando. Assim vamos progredindo no campo do afeto.

Então, de repente, não mais que de repente, eu percebo que não me satisfaço mais. Estou infeliz e ela também não parece feliz comigo, como narrou o poeta.

Do riso fez-se o pranto,

Silencioso e branco como a bruma.

Fez-se de triste o que se fez amante.

E de sozinho o que se fez contente.

"Soneto da Separação", Vinicius de Moraes

Quando o amor se instala

Uma vez identificada a inveja, temos a oportunidade de aprender a administrá-la e superá-la. Isso é crescimento.

Acionamos a culpa, a reparação, a piedade, a compaixão. Com o tempo, o sentimento de piedade tende a diminuir e pode dar lugar a outro, como a vergonha, identificada em situações que você percebe como negativas.

Deparar-se com ela significa que você ainda não se aceita. Vergonha, para a psicanálise, não é virtude. É miséria.

Só há um meio de sair desse labirinto: ou nos defrontamos com a experiência de ser o que somos e administramos isso ou teremos que nos conformar em ser infelizes. Porque esse detalhe tão importante faz parte de nossa existência.

Fragmentos de uma história amorosa

Quando você se conhece e se aceita, aguenta seja lá o que for, até mesmo um casamento chato. Nesse caso, não está fazendo concessão ao outro. Você faz concessão a si mesmo.

Se não quer lutar, prefere manter o que foi construído junto, então você fica com o que o casal tem, como uma unidade. E vive bem, sem jogar a culpa no outro.

Assim, enquanto ele se diverte pescando no pantanal, ela vai a Buenos Aires fazer compras. E na volta os dois se encontram no espaço da paixão e poesia.

E tudo isso não envergonhará você, porque a vergonha já foi vencida. Os detalhes negativos ficaram desfocados. A capacidade amorosa se ampliou. E, independentemente das diferenças, o amor se instalou. E mais saudável.

3

Reflexões sobre o ciclo hormonal

MENO

Mulher é bicho esquisito
Todo o mês sangra
Um sexto sentido
Maior que a razão
Gata borralheira
Você é princesa
Dondoca é uma espécie
Em extinção...
Por isso não provoque
É Cor de Rosa Choque

"Cor de Rosa Choque", Rita Lee

Surpreendida pela menstruação na véspera de participar de sua primeira maratona, em Londres, em abril de 2015, a blogueira e baterista Kiran Gandhi, de 26 anos, tomou uma decisão inusitada: correr os 42 quilômetros sem usar absorvente.

No final da prova, as marcas escuras de sangue por entre suas pernas contrastavam com o tom coral de sua calça *legging*. Kiran disse que um tampão poderia machucá-la durante o percurso e sua atitude mostraria às mulheres sem acesso a produtos de higiene que menstruar não é vergonha.

A ousadia recebeu aplausos de alguns pela coragem e comentários raivosos de muitos pela falta de higiene. Sinal de que em pleno século XXI a menstruação continua sendo um tabu. A exibição desse sangue velado ainda choca a sociedade.

Refletir sobre o significado do sangramento menstrual é essencial para entender o que ocorre quando ele desaparece na menopausa. Portanto, este capítulo aborda seu valor simbólico, tendo como ponto de partida a biologia feminina. Esclarece como os hormônios moldam as curvas e o comportamento feminino, despertam vivências psicológicas e mobilizam crenças que variam conforme o contexto social.

Trabalho de bastidores

Gosto muito de poemas. Das poetisas, a que expressa mais visceralmente a essência da fêmea é Bruna Lombardi. Seus poemas são tão belos quanto sua imagem.

Quando as mulheres engravidam

E as orquídeas se tornam sexuadas

E as libélulas, os unicórnios e as falenas

De tom lilás trocam as asas

À hora dos presságios, dos augúrios

O instante do contágio

Das febres intermitentes

O instante em que a terra

Fecunda a semente

A hora do pouso das águias

E do primeiro brilho da lua.

[...]

À hora dos rituais

De todas as coisas

Os elementos adivinham suas sequências

Atávicos, ancestrais [...]

"A Hora dos Rituais", Bruna Lombardi

Reflexões sobre o ciclo hormonal

Não importam a cultura, os mitos e os medos. Toda mulher faz mensalmente um "ensaio" para a gravidez.

O organismo feminino aciona um "padrão inato de respostas", nem sempre necessárias para aquele momento, mas que demonstram um "aprendizado por repetição" no decorrer de toda a vida cíclica da mulher.

A primeira crença errônea é atrelar o ciclo à menstruação. Os altos e baixos hormonais que ocorrem ao longo de 28 a 30 dias configuram o chamado ciclo menstrual. O termo leva a crer que a ação dos hormônios restringe-se aos genitais e é focada na menstruação.

No entanto, há receptores de hormônios espalhados por vários sistemas e órgãos humanos, inclusive o esqueleto e a própria pele. Eles exercem efeito na respiração, na digestão, na circulação, no cheiro e até no hálito da mulher.

Essa ignorância com relação às funções diversificadas dos hormônios sexuais pode justificar o descrédito de homens e mulheres a sintomas como alteração de humor e irritabilidade desencadeados por quedas nas taxas hormonais no período que antecede o sangramento e caracteriza a tensão pré-menstrual (TPM).

Muito mais acertado seria batizar esse período de ciclo hormonal. A glândula que governa este ciclo chama-se hipófise. Situada na base do cérebro, ela secreta hormônios que regulam várias outras glândulas e também a função reprodutora, a lactação e a conduta materna inicial.

No caso feminino, entre as principais glândulas ativadas pela hipófise estão os ovários. Sua tarefa é produzir basicamente três hormônios: o estradiol (estrogênio), a progesterona (progestagênio) e a testosterona (androgênio).

Eles são liberados na circulação de forma inteligente, ou seja, há um início, meio e fim ao longo de um período que varia entre 28 e 30 dias. Toda a ação desses hormônios destina-se a preparar o corpo, as emoções, os sentimentos e o comportamento para engravidar e perpetuar nossa espécie.

Portanto, além de terem efeitos específicos no sexo e na reprodução, agindo sobre os genitais (útero, mamas, trompas e vagina), eles repercutem no organismo em geral e ainda influenciam as emoções e o comportamento. Vale a pena conhecer cada um deles.

Estrogênio, o artesão da feminilidade

Tal qual um artista, o estrogênio esculpe, desenha, amacia e arredonda a mulher. Graças a ele, a arquitetura feminina diferencia-se do anguloso corpo masculino.

Seios e nádegas recebem suas ondulações, a gordura distribui-se em curvas. Pés, pernas, coxas, abdômen, costas, ombros e face são delineados.

Esse hormônio também determina a distribuição de pelos, destacando o triângulo pubiano. O corpo se hidrata, a pele adquire um aspecto sedoso e macio; os cabelos ganham brilho e volume. O tato, a visão, a audição e a percepção tornam-se mais aguçados.

Reflexões sobre o ciclo hormonal

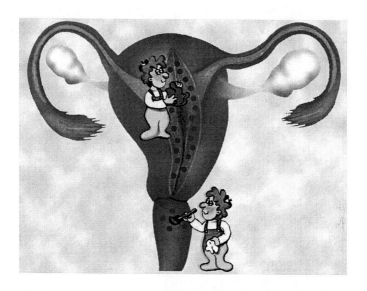

O estrogênio é o artesão da feminilidade. O nome explica o seu efeito. Estrogênio é aquela sustância que gera o "estro" (ou cio). Ele produz no corpo e no comportamento das mulheres um conjunto de alterações semelhantes às que ocorrem nas fêmeas animais.

As emoções predominantes estão dirigidas a um objeto. A mulher fica mais atraente e receptiva aos machos da espécie a fim de facilitar a relação sexual no ciclo reprodutivo. Sinais e cheiros que emanam do corpo da mulher tornam sua presença perturbadora aos homens, que desviam sua atenção para atender a esse imperioso chamado da natureza.

A civilização cuidou de protegê-la do assédio nem sempre desejável. O banho, o sabonete, o desodorante, o perfume, a roupa, a educação, as regras sociais e as leis são os instrumentos civilizados para neutralizar esses efeitos dos hormônios do sexo.

O estrogênio ainda protege os ossos, os músculos e o cérebro. Favorece o equilíbrio entre a destruição de ossos velhos e a formação de ossos novos. Quem o fabrica em doses adequadas tem menos chances de sofrer infarto e derrame. Por isso, até os 50 anos, essas doenças são pouco comuns nas mulheres.

O impacto de sua presença estende-se à vida mental. Assim, sob seu domínio, que ocorre na primeira metade do ciclo, antes da ovulação (do 1º dia da menstruação até mais ou menos o 14º dia), a mulher fica mais comunicativa, sociável, simpática, alegre, ágil, bem-humorada, receptiva e sedutora. Toda a sua energia está voltada para fora.

A poetisa Bruna Lombardi descreve esse momento de pura extroversão:

À hora em que as flores se abrem

Ao orvalho das pétalas

Umidade de púbis, o desenho

Da dracena marginata

As garras das trepadeiras

À hora que as calêndulas se colorem

De um amarelo de luz

Se determina o aroma do sândalo

E o sabor do alcaçuz.

"A Hora dos Rituais"

O estrogênio abre os canais da comunicação, despertando na mulher um estado de percepção lírica do mundo que a cerca.

A memória torna-se mais alerta e a percepção, aguçadíssima! É o chamado sexto sentido. A mulher pressente, sente e decodifica os acontecimentos de uma forma que o homem não consegue acompanhar. As músicas que ela ouve nesse período adquirem um significado especial.

Assim, o estrogênio é uma substância mágica. Quando toca quimicamente a mulher, acende seu olhar, perfuma seu corpo, ativa os cantos e os labirintos da imaginação, desembaça o espelho da alma, enaltece o espírito e fortalece a busca da vida pela vida, que renasce na ovulação, regando o canteiro dos sonhos.

Progesterona, a guardiã do ninho

Produzida durante a segunda fase do ciclo, ela prepara o organismo da mulher para receber o embrião. Sob seu estímulo, as células passam a sintetizar nutrientes, o que nós, médicos, chamamos de secreção.

Pensando em imagens, seria como se o estrogênio construísse um berço e a progesterona esquentasse o colchão na temperatura adequada e ainda preparasse várias mamadeiras de água, sais minerais, proteínas etc. Ela é também o hormônio mantenedor da gravidez.

A ovulação coincide com o apogeu do ciclo hormonal e expressa a disposição psicológica para a concepção. Entre o quarto e o sexto dia posterior à ovulação, há um platô de produção hormonal.

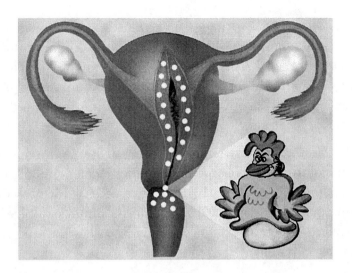

Então, sob o domínio da progesterona, os sentimentos e a emoção direcionam-se ao corpo. A libido volta-se para dentro, caracterizando a tendência à introversão, ao fechamento em si mesma, a uma passividade bastante enraizada.

Um aumento da temperatura corporal e uma sensação de relaxamento e bem-estar parecem inundar a mulher de energia, como se o aparelho psíquico houvesse registrado a preparação corporal para a gravidez.

As funções de manter, segurar e armazenar nutrientes podem ser percebidas clinicamente pelo aumento da fome por doces e pelo inchaço que acompanha o fim do ciclo até o início do sangramento menstrual.

Outros indícios são aumento de volume da barriga, sensibilidade nas mamas, intestino preso, tensão, alteração de humor, sonolência, cansaço, depressão, entre outros sintomas, bastante conhecidos pelas mulheres e seus companheiros, que caracterizam a fase pré-menstrual.

Quando o óvulo liberado não é fecundado, sua produção cai. A menstruação pode ser comparada a um desmanche e à retirada do berço previamente construído.

Testosterona, o estimulante do desejo

A tão falada testosterona, também chamada de hormônio masculino, age no organismo da mulher sem fazer muito barulho.

Aumenta a produção de glóbulos vermelhos, estimula o crescimento dos músculos, influencia os depósitos de gordura, modifica a produção (síntese) de proteínas.

Fora isso, ainda contribui de modo expressivo para a manutenção da disposição geral e do desejo sexual.

Produzida pelos ovários, pela glândula suprarrenal e pelo tecido adiposo (gordura), junto com dois outros hormônios da família dos androgênios, o DHEA e a androstenediona, ela ativa a libido e facilita a aproximação.

O que a biologia pretende é favorecer o encontro do óvulo com o espermatozoide e obter como grande resultado a fertilização. Por isso, a síntese de testosterona aumenta na fase em que a mulher ovula.

Quer dizer, enquanto o estrogênio (estradiol) deixa a mulher mais receptiva, a testosterona colabora com o aumento da libido.

Porém, assim que a produção desses dois hormônios cai, instala-se uma confusão. Os sintomas são obesidade, resistência ao hormônio insulina (o que predispõe ao diabetes) perda da força e da massa muscular, maior risco de fratura, queda da motivação geral (daquela agressividade saudável para enfrentar o dia a dia) e redução do desejo sexual.

O excesso também não é bem-vindo. Quando o organismo feminino tem uma dosagem desproporcional entre estrogênio e androgênio, a mulher pode perder seu contorno característico e ganhar uma silhueta mais angulosa e masculina. Isso tende a ocorrer sobretudo após os 50 anos.

Com o decorrer da idade, pode haver déficit de hormônios sexuais tanto no homem quanto na mulher, então a reposição passa a ser indicada.

Fumantes talvez precisem de ajustes mais cedo. A nicotina inibe e bloqueia o estímulo do estrogênio; portanto, essa mulher vai necessitar de uma dose mais alta.

O quadro a seguir resume os principais efeitos dos hormônios que participam do ciclo feminino:

Reflexões sobre o ciclo hormonal

Estrogênio	Progesterona	Testosterona
• Deixa a vagina receptiva. • Facilita a ascensão do espermatozoide: abre o canal do útero e estimula a secreção de muco. • Constrói um berço (tecido) para receber o embrião (ovo). • Estimula a receptividade emocional: a mulher fica simpática e atraente.	• Prepara o corpo da mulher para alimentar e proteger o embrião desde a secreção de nutrientes até o humor. • Coloca o colchão no berço e prepara várias mamadeiras Produz sonolência e introversão.	• Aumenta o desejo sexual no período da ovulação.

Preparando-se para a maternidade

Ainda que seja vivenciada psicologicamente com uma grande carga de sentimentos bons ou ruins, a menstruação é, simplesmente, o sinal de que a concepção não sucedeu.

O fenômeno básico que está em jogo é a maternidade e toda a expressão desse fato biológico na sexualidade genital. Temos a falsa ideia de que a maternidade inicia-se quando uma mulher engravida ou dá à luz um filho.

A história começa, na verdade, quando essa mulher é ainda pequena, quando a menina-bebê passa a se relacionar com o mundo depois de nascer.

...Era uma vez a menopausa

Em virtude da extrema dependência do recém-nascido humano em relação à mãe, o amor filial caracteriza-se pela insaciabilidade e pelo desejo de exclusividade. Só que é impossível para qualquer mulher-mãe com tantas funções além da maternidade atender a todas as demandas de atenção.

Nas situações que a criança entende como falta, ela experimenta uma frustração. Ela ama a mãe, mas reage às frustrações com um ódio impotente e desesperado.

A projeção dos sentimentos negativos e contraditórios em relação à figura materna leva a criança a amar e ao mesmo tempo temer a mãe. Assim, ela incorpora em seu inconsciente uma boa mãe, que acaricia, protege e alimenta, e uma mãe má e vingativa, que não supre suas demandas.

Para resumir, temos dentro de nós duas mães: a "mãe-fada" e a "mãe-bruxa", formadas a partir das primeiras vivências com nossa mãe. Essas representações vão emergir sempre que uma situação lembrar qualquer afeto relacionado à maternidade. Desse modo, é comum elas virem à tona ao longo do ciclo hormonal.

O desenvolvimento da sexualidade feminina tem relação direta com a maternidade e, portanto, com essas duas mães incorporadas. Seus pilares básicos situam-se na infância e nas relações afetivas estabelecidas desde então. Logo, o crescimento corporal, a maturação neurofisiológica e o desenvolvimento sexual são processos que estão intrinsecamente relacionados.

Os jogos e as brincadeiras da infância ajudam a incorporar a função de mãe. Com cerca de 2 anos,

Reflexões sobre o ciclo hormonal

a menina começa a brincar de ninar bonecas. Tem, em sua fantasia, a sensação de que esse brinquedo é seu filho com o homem dos seus sonhos, que, nessa idade, é o pai ou uma figura masculina que represente o bom pai.

As fantasias e identificações com a mãe (ou figura materna) são intensamente reativadas e ganham força no início da puberdade devido à ação dos hormônios sexuais. Emerge o conflito relacionado à mãe-fada e à mãe-bruxa incorporadas na infância.

Desse modo, enquanto o útero habilita-se para receber o óvulo fertilizado, ocorre a preparação psicológica para a gravidez.

Os sonhos e os comportamentos da mulher refletem o desejo de receber e reter ou as defesas contra tal desejo, se, por motivo consciente ou inconsciente, ela "temer" a gravidez.

A introversão das energias psíquicas que se segue à ovulação traz de volta cenas e sentimentos vividos na infância, como se o cérebro rebobinasse um velho filme.

Muitas dessas lembranças estão relacionadas à figura materna. Surgem a partir da resolução de conflitos existentes com a mãe, como também do registro de fracasso de tais tentativas.

Recordações inconscientes, guardadas lá no fundo do "porão" do psiquismo, vêm à tona e interagem com as emoções do momento, gerando conflitos saudáveis quando expressados e não reprimidos.

...Era uma vez a menopausa

A força do instinto

O comportamento feminino, nas fases distintas do ciclo menstrual, traduz a necessidade biológica da maternidade.

Desde a puberdade até a menopausa, à medida que a fisiologia da mulher a prepara para a gravidez, suas energias psíquicas desenvolvem o objetivo que chamarei de qualidade maternal.

A cada etapa diretamente vinculada à maternidade, como a segunda fase do ciclo menstrual, a gravidez e a lactação, enquanto se ampliam os processos metabólicos (corporais) para obter energia, o combustível necessário ao crescimento do embrião, há um aumento das tendências receptivas e retentivas, do ponto de vista psíquico.

Relembrando, na primeira fase do ciclo, estrogênio-dependente, a mulher manifesta tendências receptivas, está aberta para receber o homem, o pênis e o espermatozoide.

Na segunda fase, predominam as tendências retentivas, a progesterona acarreta retenção de água, sais e proteínas. A mulher fica mais inchada. Maré alta.

Portanto, o comportamento feminino é resultado da organização central das tendências receptivas e retentivas do impulso reprodutor.

Sendo assim, a maternidade não é secundária. Não se trata de um substituto do pênis, como teoriza a psicanálise. Nem é imposta à mulher pelo homem, como

Reflexões sobre o ciclo hormonal

afirmaria, talvez, um discurso feminista. A maternidade é a manifestação atávica do instinto de sobrevivência da espécie.

Hoje se diz que ter filho é o que vem por último na escala das prioridades femininas. A maternidade deixou de ser sua única gratificação na vida. Abandonou-se o lema "padecer no paraíso".

Mas, paradoxalmente, a mulher que decide não ter filhos ainda causa certo desconforto e estranheza; enfrenta pressão social e familiar. Engravidar é, e sempre será, uma vivência cheia de conflitos e contradições.

Porém, uma coisa não se pode negar: da mesma forma que as mulheres não saem da cabeça dos homens, a criança não sai da cabeça das mulheres (com exceções para os dois lados) – embora os movimentos de emancipação feminina se recusem a reconhecer a força incomensurável da procriação.

É a essa força que me refiro nestas palavras que escrevi numa noite de reflexão durante um plantão na saudosa Maternidade São Paulo:

Nos desígnios da criação

Uma mulher é feita

Fascinante criatura

Estranha receita

Íntima anatomia

Esconde sonhos

Genitália profunda e generosa

Goza

Sublima poesia

Encarnada sexuada

Em seu ventre termina

Uma mina que mina

A mais pura mineração

Sangria ao longo dos tempos

A forma como a menstruação tem sido encarada está diretamente subordinada à visão do feminino predominante em cada cultura e contexto social.

Considerada um ser ameaçador e incompreensível, moldado pela natureza – para o prazer de uns e o horror de outros! – e ainda com o poder de proporcionar satisfação ao sexo oposto, por séculos a mulher foi cercada de estereótipos e classificada ora como santa, ora como prostituta.

Na sofisticada civilização egípcia, ela estava presa ao seu corpo ondulante, aguado e inchado. Os papiros descreviam doenças femininas e continham referências a um órgão errante dentro do abdômen (o útero), responsável por complicações na saúde da mulher.

A grande celebridade da Grécia clássica, Hipócrates, o chamado pai da medicina, também teve grandes dificuldades para estudar o corpo da mulher.

Na impossibilidade de desvendar o enigma que ela representava, tentou equiparar a mulher ao homem com a "teoria dos quatros humores", segundo a qual a vida seria mantida pelo equilíbrio entre quatro fluidos: sangue, fleuma, bílis amarela e bílis negra.

Como o sangue era um fluido capaz de acumular os outros três, ele poderia aumentar as toxinas no organismo. Estabeleceu-se, então, que a retirada do sangue era a forma de equilibrar os humores.

Hipócrates chegou a essa conclusão depois de observar a menstruação. Segundo o médico grego, esse era o mecanismo desenvolvido pelas mulheres para expulsar os maus humores que predominavam nos dias que antecediam o sangramento (o que denominamos hoje TPM).

O médico e filósofo romano Galeno seguia o mesmo raciocínio. Para ele, quanto mais evoluída a doença, mais sangue era preciso eliminar.

Parece incrível, mas a teoria da sangria – de que é preciso sangrar para eliminar toxinas e doenças – manteve-se da Antiguidade até o fim do século XIX.

Quando ouço algumas mulheres dizendo com naturalidade "Eu gosto de menstruar, sangrar, eliminar as toxinas", minha reflexão é sempre "Voltamos à Idade Média".

Durante a Renascença, quando a ciência dava os primeiros passos, as artes atingiam um esplendor e a filosofia tentava clarear o pensamento, o enigma feminino, a complexidade da mulher e o poder sexual da fêmea foram editados em "Bruxaria". A Inquisição promovida pela Igreja católica levou à fogueira centenas de mulheres.

...Era uma vez a menopausa

Com seu poder de atração "maligno", um corpo que sangrava, incompreensível e talvez insuportável aos olhos ou à fantasia que despertava nos homens poderosos, a mulher foi condenada à fogueira. A história esta aí para qualquer bom cristão ler.

Vinicius de Moraes dizia em um dos seus poemas: "A vida é a arte do encontro embora haja tanto desencontro pela vida".

Só participa da arte do encontro quem reconhece e "celebra" a diferença tão peculiar entre homem e mulher.

Na primeira metade do século XX, a medicina ainda funcionava com base na experimentação de erro e acerto. Os limitados conhecimentos médicos disponíveis, assim como os códigos culturais e religiosos vigentes, aprisionavam a mulher em dezenas de preconceitos.

Na segunda metade do século XX, surgiram os antibióticos, as vacinas e as pílulas anticoncepcionais. Uma enorme evolução científica e tecnológica ocorreu, sobretudo a partir da década de 1960.

Tempos perturbadores e misteriosos, a década de 1960 foi o ponto zero de grandes mudanças. A transformação ocorreu enquanto uma banda inglesa, Os Beatles, começou a fazer um sucesso estrondoso no mundo. Simultaneamente, apareceram movimentos sociais em defesa dos direitos civis e da libertação da opressão de raça e de gênero.

Depois de muita luta, a mulher conseguiu livrar-se de vários rótulos e de alguns opressores. Buscando inicialmente autonomia financeira, ela pôde finalmente conquistar liberdade de ação, livrar-se da dependência do homem e romper um ciclo histórico de dominação.

Novos avanços tecnológicos e científicos no fim do século XX permitiram à ciência compreender mais as especificidades do corpo feminino e as alterações em sua saúde.

Alívio para tormentos modernos

Uma das principais descobertas foi que menstruar não é natural.

O natural é a mulher estar grávida, amamentando e não "ciclar" regularmente. Nossas bisavós tinham entre 40 e 80 ciclos menstruais – o que ainda se observa nas tribos primitivas.

A primeira menstruação (menarca) ocorria entre os 16 e 18 anos, logo depois a jovem engravidava, tinha muitos filhos e, entre uma gravidez e outra, estava sempre amamentando. Passava quase dez anos sem menstruar.

Na mulher atual, o número de ciclos menstruais pode passar de 400. Ela menstrua mais cedo, adia a maternidade e tem menor número de filhos – a taxa de fertilidade da brasileira chegou a 1,9 filho por mulher, segundo o Censo 2010 do IBGE.

O excesso de ciclos ovulatórios, com altos picos de estrogênio, trouxe consigo um aumento na incidência de males relacionados à menstruação, como cólicas intensas, anemias por menstruar muito, endometriose e formas graves de tensão pré-menstrual.

A endometriose desenvolve-se quando células do revestimento uterino aparecem em outros locais do abdômen. Atinge de 10% a 15% da população feminina, acarretando dor e infertilidade.

A TPM foi relacionada a mais de duzentos sintomas que afetam o corpo, as emoções e o comportamento feminino: inchaço, sensibilidade nas mamas, intestino preso, alterações de humor, sonolência, cansaço, dores de cabeça e depressão.

Essas doenças comprometem as relações amorosas, sexuais e o trabalho. Imagine o impacto que podem ter sobre o desempenho de uma atleta, uma cirurgiã, uma líder empresarial.

E a insegurança que acomete a modelo que desfila de biquíni ou *lingerie* mesmo usando um absorvente interno. A preocupação com um sangramento pode gerar uma performance abaixo da esperada sem esse "tormento", usando o termo adotado por elas.

Todas as mulheres que se sentem limitadas para exercer suas atividades devido a irregularidades menstruais ou flutuações do ciclo hormonal devem procurar tratamento.

Suas queixas podem ser amenizadas ou evitadas por meio de métodos de bloqueio do ciclo. Para isso, empregamos implantes hormonais, pequenos tubos de silástico (um tipo de silicone) colocados sob a pele, na região superior das nádegas, com anestesia local. Eles liberam quantidades mínimas e eficazes de hormônios (elcometrina e gestrinona).

Reflexões sobre o ciclo hormonal

São seis implantes de hormônios que usamos em combinações diferentes e dosagens específicas para cada mulher.

Além de anticoncepcional eficiente, o método suspende a menstruação, acaba com a TPM, previne e trata a endometriose, reduz o aparecimento de miomas (tumores benignos do útero).

Os efeitos colaterais são mínimos, já que os hormônios entram por via subcutânea, sem passar inicialmente pelo fígado.

Em algumas mulheres pode haver aumento da oleosidade da pele, problema resolvido com o uso de uma fórmula manipulada.

Os implantes também trazem benefícios estéticos, como perda de peso, definição da musculatura e redução da celulite.

Na esfera psicológica, observa-se aumento do desejo sexual e melhora na motivação geral e na autoestima.

A grande maioria das usuárias demonstra satisfação com a suspensão da menstruação. Inclusive de maneira surpreendente.

Eu estava no clube, em São Paulo, quando um amigo se aproximou e disse, com ar de quem saboreava uma irreverência: "Parabéns, eu não sabia que você era um excelente administrador de empresas".

A gozação me deixou intrigado. Fiquei com aquela cara de que não estava entendendo nada.

Meu amigo sorriu e me disse para entrar no blog X.

...Era uma vez a menopausa

Ao chegar à clínica, pedi para a minha secretária procurar o tal blog.

Na tela apareceu a foto de uma linda jovem que identificamos como nossa paciente. Acompanhava um texto que, entre outras observações, dizia: "Não sei por que alguns clientes reclamam do meu cachê. Quem cuida da minha pele é a Dra. X. E quem administra a minha empresa é o ginecologista Dr. Malcolm Montgomery".

A garota estudava de dia e fazia programas à noite. Usava o corpo para trabalhar. Para ela, não menstruar significava aumentar os dias úteis e manter sua "empresa" mais produtiva.

Sem dúvida, ficar de cinco a sete dias sangrando no período de um mês pode reduzir a planilha contábil de uma empresa.

Seja qual for o motivo para não querer ceder às determinações biológicas, o fato é que a mulher ampliou seu leque de possibilidades.

Com isso, libertou-se da radicalização. Não tem de escolher entre santa e prostituta. Conquistou autonomia para roteirizar seu destino.

Desvelando a menopausa

MENO

Meu corpo
Meu templo
O tique-taque do tempo
Não exclui a eternidade
A noite é escura
E a estrada está cheia de perigo

"Eterno Agora", Rita Lee e Roberto de Carvalho

PAUSA

"A menopausa é um sequestro. Uma versão, só para mulheres, de praga bíblica. Inferno astral que antecede a terceira idade." As comparações são da escritora e colunista Hilda Lucas em um texto reproduzido por vários blogs. "Um dia você está no meio da sua normalidade, é arrancada de tudo o que você tem como referência física de si mesma e é lançada a uma espécie de funilaria às avessas."

A autora explica que, depois de aprender a lidar com os sintomas, que "aparecem inadvertidamente como assaltantes", você finalmente entende que está em uma fase de transformação, como uma puberdade invertida. Demora, mas passa.

E após a tempestade, vem a libertação. "Você estará livre de ter que ser bonita, magra, eficiente, querida, desejável, vencedora, fértil, competitiva, invejada, elegante, gostosa, informada, culta, legal, conectada, tudo ao mesmo tempo", escreve Hilda. "A vida vira um bom vinho a ser apreciado, com generosidade e prazer."

Minha experiência como ginecologista tem demonstrado que essa transição é muito mais suave quando estabilizamos os índices hormonais da mulher durante o período da menopausa.

...Era uma vez a menopausa

Manter-se estável e sem sintomas colabora (e muito!) para administrar melhor o envelhecimento. Elimina um ritual de passagem que pode abalar o bem-estar físico, o humor, a motivação e a autoestima, gerando crises no trabalho, no casamento, na família e na vida social.

Este capítulo vai elucidar as mudanças que ocorrem no organismo da mulher durante a fase da menopausa e os sintomas que se manifestam nessa etapa, em especial as ondas de calor.

Antes, porém, gostaria de fazer uma ressalva: por mais que a menopausa pareça perturbadora, ela está longe de ser o período de maior fragilidade feminina.

A prática de 35 anos de atendimento me dá a segurança de afirmar que a época mais vulnerável da vida da mulher é o pós-parto.

Extrema vulnerabilidade

A gravidez gera transformações mais contundentes no corpo, no psicológico e no social. Mudanças drásticas na identidade pessoal e uma ambivalência de sentimentos.

Como a cultura diz que ser mãe é padecer no paraíso, a mulher só tem a permissão de se expressar em relação aos ganhos, sem jamais mencionar as perdas.

O emocional sofre regressões adaptativas funcionais, leva a mulher a reviver sua relação com a própria mãe para ajudá-la a deixar o lugar de filha e ocupar o de mãe.

Mas pode ser dificílimo experimentar esse processo diante das exigências da mídia da maternidade. Por exemplo, a máxima de que a gestante deve sofrer dez horas de contrações e conseguir um parto normal para passar no vestibular para boa mãe.

Depois, a exigência do aleitamento materno como passaporte para o bebê saudável. Como se a qualidade maternal fosse mais genuína na amamentação.

Assim se desqualifica o nascimento por cesariana e a mãe adotiva que não pariu, nem amamentou.

As transformações profundas na vida afetiva, social e profissional da mulher após a chegada de um filho podem desestruturar todo um referencial prévio de valores, modos de relacionamento e até mesmo de identidade.

Ao cuidar de um nascimento, um ginecologista deve saber que estamos saindo do mundo fantástico da imaginação para entrar no mundo real, onde ocorrem quatro nascimentos e quatro mortes: nascem uma criança, uma mãe, um pai e uma família; morrem a individualidade, as prioridades e a liberdade dos pais e o casal, porque nunca mais um vai ser prioridade para o outro; na imensa maioria, os filhos passam a ser prioritários.

A partir daí dividem-se afetos, modificam-se vínculos, reafirma-se a responsabilidade.

Por tudo isso, as mudanças que ocorrem na gravidez e no parto são muito mais desafiadoras e potencialmente desestabilizantes. Mesmo porque se supõe que, ao chegar à menopausa, a mulher já desenvolveu sua identidade e adquiriu maturidade para lidar com transformações.

...Era uma vez a menopausa

Os acontecimentos biológicos

Como um maestro, os ovários regem as diversas etapas da vida da mulher. Enquanto não se expressam, a menina vive sua infância.

Ao iniciarem a síntese dos hormônios sexuais, o corpo todo se modifica. Os ciclos aparecem, irregulares no início.

Quando os ovários atingem sua função em plenitude, os ciclos regularizam-se e tornam-se ovulatórios. A mulher entra no período reprodutivo.

Até que os ovários iniciam uma falência progressiva. Essa fase de transição chamada de climatério é marcada por alterações significativas no físico, nas emoções e nas interações sociais da mulher.

O período mais crítico dura até cinco anos: do início das irregularidades menstruais e intercorrências características (como cólicas e alterações de humor) até o último sangramento. Portanto, precede a última menstruação (ou menopausa), que no Brasil ocorre, em média, por volta dos 50 anos.

Esse recolhimento do ovário como produtor hormonal sempre ocorreu na fêmea humana. O que mudou é que as mulheres não viviam o suficiente para sentir as consequências do racionamento hormonal.

Com o avanço da medicina – medicamentos, vacinas, água tratada, melhora das condições sanitárias, alimentação saudável –, elas ultrapassaram a barreira dos 80 anos.

No entanto, devido à ciclicidade de sua biologia e à queda abrupta na produção hormonal, no final da idade fértil a mulher apresenta sintomas com maior frequência do que o homem. Nele, a redução nos níveis de testosterona em geral é mais lenta e insidiosa.

Primeiras intercorrências

Na fase que precede a última menstruação, entre os 40 e 50 anos de idade, podem surgir certos desconfortos.

A maioria das mulheres fica mais sensibilizada com os ciclos, tanto no que se refere ao físico quanto à parte emocional.

Após os 35 anos, sintomas como cólicas menstruais podem melhorar naturalmente ou, ao contrário, piorar com a passagem dos anos. Isso ocorre tanto nas que viveram gestações quanto nas que optaram por não engravidar.

Os sangramentos menstruais aumentam em frequência e em volume. Pode ser decorrência apenas de uma sensibilidade maior do tecido que reveste o útero (endométrio) ou da presença de tumores benignos como pólipos e miomas, bem comuns nas mulheres dessa faixa etária.

Os miomas aumentam o tamanho do útero e dificultam os processos que bloqueiam o sangramento.

Inchaço, alteração de humor, compulsão alimentar, enxaqueca e dores lombares, entre outros sintomas de TPM, tendem a piorar com o avanço da idade.

...Era uma vez a menopausa

Nos primeiros tempos do climatério, à medida que os ovários vão perdendo sua capacidade produtiva, outras fontes, como o tecido gorduroso, tentam suprir a demanda. Quer dizer, a síntese hormonal não zera de cara. Mas o déficit vai se agravando e as menstruações vão perdendo a regularidade, até que desaparecem de cena.

Esse desequilíbrio hormonal manifesta-se de três maneiras distintas. Logo, as mulheres podem ser divididas em três grupos conforme os sintomas prevalentes:

1. **Aquelas que apresentam sintomas da falta do hormônio feminino estrogênio**, como instabilidade vasomotora (fogachos ou ondas de calor, sudorese noturna, palpitações e dor de cabeça); ressecamento e atrofia dos órgãos genitais, em especial da vagina, provocando dor ou ardor durante a relação sexual, além de sensibilidade urinária; alterações na pele (rugas, ressecamento, perda de elasticidade e firmeza); alterações nos músculos e ossos que aumentam o risco de ter osteoporose (perda de massa óssea e deterioração da microarquitetura do osso, que fica mais sujeito a fraturas).

2. **Aquelas que apresentam sintomas de excesso de androgênio**. Com a falta de estrogênio, a proporção entre os hormônios feminino e masculino inverte-se. Os indícios são perda das curvas típicas do corpo feminino, excesso de pelos no rosto e no corpo, queda de cabelo.

3. **Aquelas que apresentam sintomas de excesso de hormônio feminino**. Embora constitua um fato

Desvelando a menopausa

paradoxal, pois a tendência com a idade é a carência do hormônio, eventualmente isso ocorre em mulheres obesas. O tecido gorduroso encarrega-se da produção de estrogênio.

Sintomas principais

A grande maioria das mulheres apresenta sintomas dessa reviravolta que ocorre no organismo feminino quando os hormônios sexuais, notadamente o estrogênio, saem de cena. Destas, pelo menos 50% manifestam sintomas intensos e desafiadores, segundo dados divulgados pela Associação Brasileira do Climatério (Sobrac).

Os mais frequentes são fogachos (ondas de calor), sudorese, insônia, desânimo e apatia, oscilações de humor, diminuição da memória, depressão, ressecamento e perda da elasticidade da vagina (e consequente dor e dificuldade nas relações sexuais), incontinência urinária, urgência miccional, infecções urinárias de repetição, perda de colágeno, ressecamento e atrofia da pele (favorecendo a formação de rugas).

Embora sejam extremamente desagradáveis e atrapalhem as atividades diárias, os sintomas de aparecimento precoce, como ondas de calor e ressecamento vaginal, não matam, nem chegam a comprometer seriamente a saúde da mulher.

Mais graves são as consequências tardias, que surgem de 10 a 20 anos após a menopausa.

A longo prazo, o déficit hormonal aumenta as chances de desenvolver osteoporose, distúrbios cardiovasculares (pela perda da elasticidade das artérias) e doenças neurológicas, entre elas Alzheimer (causa comum de demência em idosos).

Enquanto algumas provocam incapacidade e invalidez (fraturas por osteoporose e Alzheimer), outras apresentam altos índices de mortalidade (moléstias cardiovasculares).

Durante todo o tempo do climatério, elas têm uma evolução silenciosa e insidiosa, para mais tarde eclodirem, às vezes de forma dramática.

A tabela a seguir organiza esses sintomas conforme a idade de seu aparecimento.

Iniciais			Intermediários		Tardios		
Anos	45	50	55	60	65	70	+
	Fogachos						
	Sudorese						
	Insônia						
	Irregularidades menstruais						
	Depressão						
			Atrofia vaginal				

(continua)

(continuação)

Iniciais			Intermediários	Tardios		
			Dor nas relações sexuais			
			Incontinência urinária			
			Atrofia da pele			
			Osteoporose/fraturas			
			Arteriosclerose			
			Doenças coronarianas			
			Doenças cerebrovasculares (Alzheimer)			

Surfando nas ondas de calor

"Sei bem o que é ter um inferno dentro de mim. Parecia que eu estava pegando fogo", disse a atriz Rosi Campos, em maio de 2015, quando interpretava uma personagem que ficou surtada com a chegada da menopausa, em uma comédia em cartaz no Rio de Janeiro.

Os fogachos, ondas de calor, são um dos sintomas mais conhecidos da menopausa. Afetam de 60% a 80% das mulheres, de acordo com o Consenso sobre Terapia de Reposição Hormonal publicado em 2014 pela Federação Brasileira das Associações de Ginecologia e Obstetrícia (Febrasgo).

Surgindo em graus leve, moderado ou grave, causam, além de sofrimento físico, prejuízos nas atividades cotidianas e constrangimento social.

O calorão, descrito como uma sensação súbita de sufocação, tem início no tórax (acima das mamas), passa pelo pescoço e termina no rosto, gerando sudorese intensa. A pele fica avermelhada e os poros visíveis. A maquiagem escorre. As costas ficam molhadas de suor. A blusa mancha.

A sensação independe da temperatura externa; tem começo, pico e fim; dura menos de 5 minutos, mas seu efeito sobre a autoestima pode ser devastador.

Se acontecer durante a noite, atrapalha o sono relaxante, provocando insônia.

Um trabalho publicado em 2015 na revista científica *JAMA* deteve-se sobre esse sintoma. Para isso, foram acompanhadas 1.499 mulheres que estavam na pré-menopausa ou em outra etapa do climatério, de 1996 a 2003. Só foram aceitas na pesquisa aquelas que nunca haviam feito reposição hormonal.

Em 66% das entrevistadas, os calores iniciaram-se na pré-menopausa, quando prevalecem as irregularidades menstruais. Em 20%, o fogacho apareceu depois da última menstruação. E 13% delas começaram a sofrer com o calorão mesmo quando seus ciclos ainda eram regulares.

O estudo concluiu que as ondas de calor tinham a duração média de 7,4 anos (mínimo de 5, máximo de 14 anos). E até o momento não há modo confiável para prever quando vão começar – ou terminar.

Surfar nas ondas de calor significa administrar esse suplício.

Se essas alterações são em grande parte dependentes do estrogênio, ou seja, decorrem de sua carência, a reposição do hormônio, em maior ou menor intensidade, reverterá o quadro clínico.

Essa é, portanto, a racionalidade da terapia de reposição hormonal no climatério. Se estamos vivendo mais, é fundamental que tenhamos uma vida de boa qualidade.

Mas eu vou além: em vez de simplesmente esperar o sintoma aparecer para depois os tratar, podemos atuar previamente.

Os ginecologistas experientes em atender pacientes dessa faixa etária sabem que esse sintoma pode não existir. O bloqueio do ciclo (suspendendo a menstruação a partir dos 40 anos para estabilizar as intercorrências do ciclo, que começa a ficar irregular) e a posterior reposição hormonal (a partir dos 50 anos) podem evitar queixas físicas e psíquicas associadas à menopausa.

Vale a pena destacar que nem tudo se resume à questão hormonal.

Outros fatores individuais podem amenizar ou complicar a travessia, por exemplo, a genética, o estilo de vida, as condições psicossociais (satisfação ou não com o trabalho, o casamento, a vida familiar), a existência de doenças prévias, como disfunção da tireoide ou depressão.

Pesa, também, o significado que a sociedade atribui a essa passagem – o que será tema do próximo capítulo.

...Era uma vez a menopausa

Mas a estabilização hormonal é, sem dúvida, um aliado importante.

Quando as mulheres estão livres desses sobressaltos, poupadas de sintomas físicos e suas repercussões, a menopausa perde seu caráter de ritual, de marco que prenuncia a velhice. E a vida segue seu curso.

A última menstruação e seus símbolos

Senão é como amar uma mulher só linda.
E daí? Uma mulher tem que ter
Qualquer coisa além de beleza.
Qualquer coisa de triste.
Qualquer coisa que chora.
Qualquer coisa que sente saudade.
Um molejo de amor machucado
Uma beleza que vem da tristeza
De se saber mulher.

"Samba da Bênção", Vinicius de Moraes

A vaidosa madrasta pergunta ao espelho mágico: "Espelho, espelho meu, existe alguém mais bela do que eu?".

O espelho responde: "Sim, Branca de Neve".

A cena clássica do primeiro filme de animação de Walt Disney, de 1937, e mantida nas duas adaptações recentes, de 2012, em que o papel da madrasta coube às consagradas atrizes Julia Roberts e Charlize Theron, toca em uma questão central.

A madrasta está em pleno climatério e compreende a resposta como se o impiedoso espelho ousasse dizer: "Prepare-se, aquela jovenzinha com muito estrogênio que está entrando no mercado erótico ofuscará seu brilho, minha senhora...".

Quem investiu na fachada, no descartável, na busca obsessiva pela beleza e juventude, enfrenta agora a hora da verdade.

Porém, ainda que não tenha apostado todas as suas fichas na imagem corporal, a menopausa é sentida pela maioria das mulheres como o "ponto zero da velhice".

Isso ficou estampado em um estudo que fizemos com um grupo de pacientes climatéricas no início do século XXI.

A fobia do tempo (idade) e a estética corporal surgiram entre elas como preocupações prioritárias.

O segundo lugar nesse ranking foi ocupado tanto pela sexualidade e pelos relacionamentos amorosos quanto pelos sintomas da menopausa.

Em terceiro apareceram problemas financeiros, reposição hormonal, medo de doenças, privacidade, inserção social e dependentes (filhos) mal resolvidos.

Não encontrei a tão comentada em verso e prosa síndrome do ninho vazio, que é a sensação de vazio experimentada pela mãe quando os filhos saem de suas asas.

Mais presente foi a insatisfação com o movimento contrário, a volta para a casa paterna de filhos e filhas frustrados por casamentos desfeitos ou fracassos profissionais.

O estranho no ninho derruba muitos pais e o ninho vazio alivia – até porque o bom pai é o que se torna desnecessário.

É comum a mulher declarar, em tom de lamento: "Doutor, entrei na menopausa, estou velha!".

Já ouvi de tudo nessas décadas de prática médica: menopausa como sinônimo de velhice, de término de vida sexual, de crise, de doença, mas também de poder.

Os símbolos sociais, familiares e religiosos que povoam a mente feminina vêm à tona. Mesmo porque as falhas menstruais esbarram em uma das áreas mais

A última menstruação e seus símbolos

mistificadas da simbologia humana, regional ou universal, o amor e o sexo.

Só para citar um exemplo de como essa área é envolta em tabus, imagine uma mulher de 25 anos cuja gravidez evolui bem até seis semanas. Então, de repente, acontece um processo de abortamento natural – não importa a causa – e ela perde o bebê.

Vamos supor que nesse estágio o embrião tenha 100.000 células. O período que se segue na vida dessa mulher é de tristeza e luto. Na realidade, ao coçar a perna com firmeza ela pode chegar a perder mais de 100.000 células cutâneas, sem manifestar tristeza.

Por que há tanta diferença na reação?

Simples. As 100.000 células perdidas da pele não se associam a nenhuma imagem. Já as 100.000 células originárias do útero conectam-se à fantasia de um filho que ela sonhou desde quando brincava de boneca aos 5 anos de idade.

Está em jogo a "maternidade", e não a "reprodução". A maternidade é carregada de símbolos, imagens e fantasias vivenciadas desde a infância.

A menopausa marca justamente o fim do período em que existe a possibilidade de gravidez, o que pode ser assustador.

Este capítulo vai mostrar como a cultura influencia a vivência da menopausa, destacando especialmente a opressão que incide sobre as mulheres no Ocidente, para salientar que neste período da vida cessa apenas a possibilidade de gerar filhos. O potencial criativo não termina nunca.

Climatério e cultura

O climatério é experimentado pelas mulheres de modos diferentes conforme os códigos culturais que definem a feminilidade, a sexualidade e o papel social da mulher idosa.

Estudos de sociologia e antropologia efetuados em diversos grupos sociais revelaram que, onde se privilegia a juventude, o fim da fertilidade pode ser aterrador.

Nas sociedades que valorizam os anciãos, as mulheres adquirem maior liberdade na menopausa em comparação aos anos em que se dedicavam a tarefas reprodutivas, preocupavam-se com o controle da natalidade e eram vistas como objeto sexual.

Isso acontece porque a idosa não representa uma carga para a comunidade. É um elemento ativo, produtivo e respeitado pela sabedoria adquirida.

Mulheres indianas da casta Rasput, que mantêm o formato do corpo oculto pelas vestimentas típicas, não se queixam de sintomas comuns nas mulheres ocidentais.

No dicionário japonês não se encontra palavra correspondente a ondas de calor. Supõe-se que a dieta rica em soja e peixes e a atividade física vigorosa e constante, exercida ao longo da vida, inclusive na velhice, previnam esse sintoma.

No Ocidente, há pelo menos dois fatores que dificultam a passagem pelo climatério: cultua-se a manutenção da juventude eterna e o papel da mulher idosa é incerto.

A última menstruação e seus símbolos

A travessia tende a ser conturbada nas mulheres que dedicaram a vida a atividades que vão perdendo a importância com o decorrer do tempo; por exemplo, a supermãe ou mãe 24 horas pode ser alvo de um distúrbio depressivo.

As que chegam a essa fase com atividade profissional gratificante têm maior oportunidade de reforçar a autoestima e a autoimagem.

Nas profissões que privilegiam o intelecto, a sabedoria e a criatividade, a tendência é ser valorizada com o decorrer do tempo: políticas, executivas, empresárias, educadoras, médicas, terapeutas, escritoras, jornalistas. Os anos de experiências elevam o *status* do indivíduo na sociedade.

Nas profissões que privilegiam a aparência e a estética, o desempenho físico e o *sex appeal,* como atletas, atrizes e modelos, a transição talvez seja mais difícil.

Imagine aquela celebridade geneticamente bem constituída que nunca precisou de nenhum esforço para ser do padrão exigido. Cabeça, tronco e membros perfeitos. Bela, desde a adolescência, transita pela insinuação sem se entregar mais profundamente a uma relação. Participa do jogo apenas oferecendo o *status* da imagem e da silhueta. Não precisou desenvolver outras competências, talentos e potenciais que a vida exige de todos nós. No palco em que ocorre sua performance, só desfilam vaidades.

Porque em um país como o nosso patropi, que cultua o corpo esteticamente correto, a beleza traz isenções e privilégios. Algumas mulheres bonitas são cruéis em sua *belle indifférence*, distanciamento e aparente autossuficiência.

Com a última menstruação, o brilho empalidece, a beleza fútil diminui, a tropa de admiradores bate em retirada. A histeria dessa mulher capota e estraçalha-se. Seu instrumento de poder e sua temporada de sucesso acabaram.

Muita vitrine, pouco estoque. Quem ficou nadando na superfície agora corre o risco de se afogar. E a sociedade não joga a boia salva-vidas. Esse modelito de estilo de vida fatalmente levará a um envelhecimento de difícil adaptação.

O estigma da velhice

A menopausada neurótica traz a máscara do horror.

A agressividade comportamental reivindicadora é simbolizada pela figura das velhas bruxas, mal-amadas e incapazes de amar.

Monstros sagrados em certas famílias e/ou grupos sociais, nos quais encarnam o antepassado despótico e frustrado afetiva e sexualmente, elas orientam a dança como as feiticeiras de Macbeth.

Temidas, odiadas e veneradas, essas mulheres perversas dominam aqueles que, por educação, devem respeitá-las e, junto com elas, todos os valores mortos.

A feminilidade frustrada associada à maternidade estimula essa criatura a despejar sua malignidade sobre sua descendência. Aterrorizantes e fóbicas, cheias

A última menstruação e seus símbolos

de melancolia e ressentimentos, profetizam catástrofes e irradiam um nocivo baixo-astral.

Conheci um caso extremo de uma dessas senhoras que, em um surto de ressentimento, deu um tiro no peito de seu psicanalista aqui em São Paulo. Felizmente são exceções, mas causam verdadeiros estragos ao seu redor.

Os idosos masculinos mal resolvidos jamais atingem a intensidade do poder perverso dessas senhoras. Mais do que o homem, a mulher continua presa ao estigma da velhice.

Por quê? Está relacionado ao simbólico "poder". Um homem com sinais de envelhecimento, porém com sucesso financeiro, é extremamente valorizado pelo grupo social e tem muito menos preocupações estéticas com sua imagem.

Flacidez, rugas, cabelos brancos, ganho de peso e perda da massa muscular são mudanças muito mais sofridas e significativas para a mulher. No "espelho, espelho meu", a angústia feminina é incomparavelmente mais complicada.

A explicação para essa diferença já começa na biologia: na mulher, a função dos ovários encerra-se e a produção de hormônios pode chegar a "zero", com repercussões na sua atratividade; enquanto no homem, o processo semelhante, ou seja, a diminuição das funções dos testículos, não é geral e, se acontece, é lenta e gradativa.

Quer dizer, o tipo de envelhecimento varia em cada sexo. E saindo da biologia para o sociocultural, o valor da imagem também é diferente para ambos.

Os opressores da mulher

Durante centenas de anos a mulher submeteu-se a vários opressores. Os seculares foram sua natureza cíclica atrelada à reprodução, o poder econômico e as instituições religiosas patriarcais. A sociedade contemporânea trouxe mais dois opressores: o terrorismo estético e a mídia.

Nas palestras que faço pelo Brasil sempre peço às mulheres que levantem as mãos caso não sofram pressão desses opressores. Raramente alguém levanta.

O primeiro opressor foi apresentado nos capítulos anteriores. Acrescento, apenas, que a ação da natureza é muito mais impiedosa sobre a mulher do que sobre o homem.

Para ser biologicamente correta e seguir à risca os ditames da natureza, a mulher precisaria ter diversas gestações, muitos filhos e amamentá-los por períodos longos.

Na falta de assistência médica adequada, ficaria sujeita a alterações vaginais que trazem dificuldades sexuais, hemorroidas, queda do útero (o chamado prolapso uterino) e perdas de urina ao tossir ou dar gargalhada (no vocabulário médico, incontinência urinária de esforço).

Sobre o segundo opressor, o poder econômico, vale a pena refletir que, na falta de autonomia financeira, a mulher submete-se ao homem: mantém relações sexuais quando não quer; aceita determinadas práticas sexuais mesmo contra sua vontade; engravida na hora errada; aborta, ainda que isso fira seus princípios. Como a sobrevivência é imperativa, ela se anula perante seu provedor.

A última menstruação e seus símbolos

Quanto ao terceiro opressor, as instituições religiosas patriarcais apresentaram a sexualidade feminina como algo demoníaco.

Na tradição judaico-cristã, a mulher arca com uma dupla culpa: mordeu a maçã e induziu o "pobre" do Adão a morder também.

Culpa se paga com reparação. E reparação é igual a sofrimento. Dar à luz entre dores foi sua punição bíblica.

Além disso, as mulheres foram particularmente visadas pelos tribunais da Inquisição. Assim como Joana D'Arc, muitas outras foram perseguidas, acusadas de heresias ou bruxarias, torturadas e condenadas à fogueira.

A Igreja é violenta em suas exclusões. Tem de deixar de lado um volume enorme de realidade. O mais dramático é quando invade o assunto saúde, em vez de se restringir à religião, e sai pregando aos quatro cantos o "não uso da camisinha". Atrapalha anos de luta na prevenção da aids. Usa seu carisma para espalhar mais a doença.

Há sinais de mudança. O papa Francisco demonstra-se mais responsável com o gênero humano e menos preocupado com o peso de dogmas. Quem sabe conseguirá fazer a reforma nas estruturas arcaicas que sustentam a instituição.

Em 2000, no aniversário de quinhentos anos do Descobrimento do Brasil, a Igreja católica brasileira fez um *mea-culpa*. Reconheceu-se corresponsável pelas falhas da sociedade que contribuíram para tornar o país desigual, discriminatório e violento.

No documento "Mensagem de Porto Seguro", a Conferência Nacional de Bispos do Brasil (CNBB) pediu desculpas pelos abusos contra os índios e pela omissão no combate à escravidão.

Eu pergunto: Será que vamos ter de esperar mais quinhentos anos para que se desculpem por condenar a camisinha e os métodos eficientes de contracepção?

E as religiões surgiram para aliviar a dor dos miseráveis. Quanta hipocrisia! Viver em paz e amor é um dos maiores blefes das grandes religiões mundiais: cristianismo, judaísmo e islamismo.

A maldade do homem sempre vai se apoiar em dogmas para cometer seus crimes e promover suas guerras.

O terrorismo estético

Vivendo sob o peso de instituições patriarcais, durante séculos a mulher sofreu o terrorismo moral. Com a emancipação feminina, ela parecia escapar dessa forma de violência. Mas acabou caindo em outra armadilha, o terrorismo estético.

Em 2013, o Brasil superou os Estados Unidos como líder mundial em número de cirurgias plásticas, segundo a Sociedade Internacional de Cirurgia Plástica Estética (Isaps, em inglês). As mais procuradas foram lipoaspiração e colocação de próteses mamárias.

Em 2013, o país realizou 1,49 milhão de operações, quase 13% do total mundial, que ultrapassou

A última menstruação e seus símbolos

20 milhões. Dentre as pessoas que se submeteram a essas intervenções, 87,2% pertencem ao sexo feminino.

Na busca obsessiva pela beleza e juventude, investe-se na fachada, no descartável. Vivemos num mundo infantiloide e infantilizado onde se buscam soluções mágicas e rápidas para dores da alma e aceitação no grupo social.

Sempre brinco com um excelente psicanalista e amigo, colega de faculdade, Ricardo Pupo Nogueira, dizendo que nos últimos quarenta anos o único avanço científico da psicanálise foi a cirurgia plástica.

Parece que o terrorismo estético veio para ficar. Atinge notadamente as mulheres, sobretudo "as mais bonitas".

Com muita tristeza, posso afirmar que, independentemente da idade ou da atividade profissional, as mais bonitas estão vivendo completamente escravizadas. Confundem estética com beleza. Deusas malhadas e siliconadas, tentam projetar uma imagem de sedutora feminilidade. Mas não estão bem com sua autoimagem e seus sentimentos sexuais. Entopem-se de remédios para emagrecer e de coquetéis de anabolizantes, aminoácidos e até mesmo GH, o hormônio do crescimento, indicado nas academias por colegas ou por *personal trainers* como o elixir do sucesso.

A balança virou "o muro das lamentações". Um bolo de chocolate, o "vírus" da desgraça coletiva. Nenhum pecado parece hoje tão abominável quanto a gula.

Menos vale mais

Vênus, a Mãe Natureza, antigo símbolo da beleza feminina, era abundância e multiplicação. As deusas de hoje optaram pela "subtração". Quanto menos, melhor.

Esculpir é tirar, subtrair, para deixar mais perfeito (ou será mais-que-perfeito?). A beleza atual esteticamente correta é baseada em enormes exclusões.

Não pode isso, não pode aquilo.

É limpeza e depilação a laser. Desidratação e drenagem linfática.

Uma tentativa de deter a natureza líquida e maleável das marés estrogênicas.

Haja repressão! A manutenção da imagem requer um estado de guerra. Terrorismo.

As modelos são hipoestrogênicas (pouco hormônio feminino) e andróginas (muito hormônio masculino). Nuas e blindadas.

Segundo Jabor, "as deusas são sexualmente inabordáveis".

Sua perfeição milimétrica é para exibição. Uso virtual.

É geometria, trigonometria humana. Calorias matemáticas.

É edição!

Hoje temos mulheres editadas. *Briefings*. Sinopses.

Esculpir é editar.

Na mitologia grega, Pigmaleão esculpia sua Galateia.

A última menstruação e seus símbolos

Hoje, os cirurgiões plásticos, modernos pigmaleões, esculpem corpos. Aspiram mamas, vampirizam culotes, lixam ossos, retalham coxas, cimentam com silicone.

Pigmaleão tentou dar vida à sua estátua.

Os pigmaleões da atualidade fazem o caminho inverso: transformam seres de carne e osso em estátuas perfeitas, verdadeiras galateias modernas.

Estátuas prisioneiras e escravas de uma senzala sem muros caminham como zumbis em busca de um palco onde possam ganhar um pouco de autoestima.

Personal trainers, os feitores modernos, chicoteiam as escravas da fantasia de que um corpo perfeito é a vitrine de sucesso e felicidade.

Amedrontadas, procuram anabolizantes para apoiar sua fragilidade. Armadas de *bodies* Donna Karan, cavalgando BMWs e Land Rovers e empunhando o ar de superioridade das deusas gregas, as Afrodites do século XXI lutam bravamente por "reconhecimento".

"Olha, eu estou aqui, sou bela e poderosa. Tenho bumbum malhado e peito de plástico."

E então os homens se casam com essas deusas para exibi-las socialmente. E morrem de tesão pela mulata gostosa que passa na rua, pela secretária gordinha, pela faxineira do escritório. E se masturbam lembrando-se da calcinha de algodão da babá do filho.

As deusas não entendem quando são trocadas pela massagista cafona ou por aquela caipira que entrega os congelados.

...Era uma vez a menopausa

Produzidas e fabricadas, elas não inspiram mais os trovadores, como as musas naturais de outros tempos. Estimulam "patrocinadores".

Nas palavras de Jabor: "Peruas almejando o poder das prostitutas, das bamboleantes bundas do *tchan*, e as pobres bundas desenhadas pela 'fome' almejando o poder das peruas".

É uma inveja coletiva e circular.

A tirania da mídia

Quem tem contribuído (e muito) para a disseminação do terrorismo estético é outro opressor contemporâneo, a mídia.

Por meio de uma supermanipulação nunca antes observada na história, a mídia disseminou ideais impossíveis de perfeição estética, profissional, social e até mesmo de perfeição na maternidade.

Na juventude, os hormônios sexuais estabelecem um padrão de estética nos cabelos, na pele, nos músculos e na distribuição de curvas pelo corpo feminino. Desenham ombros, seios, nádegas e coxas. As características do que entendemos como fêmea, feminino e mulher.

Durante 35 anos, em média, esse padrão se mantém, só sofrendo alterações na gravidez e na amamentação.

Esses códigos individuais – e até universais, se considerarmos a simbologia mítica de contextos culturais específicos – foram padronizados pela mídia atual. Re-

A última menstruação e seus símbolos

vistas, filmes e internet transformaram padrões e contextos diferentes em um modelo único.

Magra definida, produzida e elegância assimétrica.

Ou coxuda, bunduda e periguete vulgar.

Porém, quando os ovários deixam de produzir hormônios sexuais, alteram-se a vivacidade dos olhos, a elasticidade da pele, a tonicidade dos músculos, a liberação do cheiro, a lubrificação das mucosas, a firmeza dos músculos.

Perde-se o brilho e a energia, a saudável agressividade feminina. Fica ainda mais difícil resistir ao patrulhamento midiático e seus ideais inalcançáveis.

Apesar dos avanços tecnológicos e científicos, de tantas publicações disponíveis e do acesso a *sites* e redes sociais, muitas informações são contraditórias, gerando conflitos e polêmicas.

Atendo mulheres em três capitais consideradas *top* em informação e cultura. Mas o que presencio é uma ignorância (desculpe o termo, talvez um pouco pesado) em relação a temas como masturbação, sexo, gravidez, menstruação, pós-parto, amamentação, menopausa e velhice.

A mulher avançou, buscou terapia, autonomia, ganhou equilíbrio e conquistou seu espaço.

Evoluiu de um feminismo inicialmente radical para um feminismo humano e natural.

Conseguiu impor-se como mulher sem rasgar sutiãs nem empunhar falicamente seu clitóris como um macho travestido.

Mantendo sua privacidade e seu roteiro individual de vida, assustou os poderosos e inseguros machos com sua autonomia financeira e sexual.

E pode optar por não ter filhos e ser feliz com outras gratificações. Por que, então, o mito da mulher-objeto ainda prevalece?

Insegurança e poder

A cultura ocidental promove a olimpíada dos narcisos.

A tecnologia moderna e as novas mídias aprimoraram a sensação de vaidade a extremos nunca antes alcançados. Se esse estímulo for constante, a overdose será inevitável.

Algumas mulheres vivem sob o efeito de holofotes. Estar continuamente preso à fachada, num excesso narcisista de paixão pela própria imagem, pode despertar a busca obsessiva de poder.

Não havendo consciência desse narcisismo, algumas emoções surgem mais evidentes, como a insegurança, o medo, a vaidade e o egoísmo.

Ignorando ou negando essas emoções, tem-se a falsa sensação de se proteger da vulnerabilidade resultante.

Solidão é buscar poder.

Estar só é poder buscar.

Depois, pode-se passar a buscar o poder compulsivamente, e o que é pior: "compulsão gera compulsão" e aumenta o vazio...

A imagem projetada de independência, coragem e força encobre a impotência.

É a fachada.

Fecha-se a neurose.

Todos nós somos vulneráveis ao desgosto, à dor e à rejeição. E as pessoas saudáveis não negam isso.

Em uma criança continuamente exposta à humilhação imprime-se o medo constante de ser humilhada. Quando crescer, ela desejará ser poderosa para ninguém mais a machucar ou a rejeitar. Desejará controlar tudo!

Poder e controle são duas faces de um sanduíche recheado de sentimentos de insegurança e desamparo.

Autoridade e liberdade são as duas metades de um sanduíche de sentimentos positivos, esperança, autonomia e generalidade.

Apesar da aparente semelhança, poder e autoridade seguem trajetos diferentes e estimulam ações distintas, como demonstrei neste trecho extraído do livro *O Novo Pai* (Editora Prestígio):

O poder é filho do ódio.

A autoridade é filha do amor.

O poder é imposto.

A autoridade é conquistada com amor.

O poder inspira medo e temor.

A autoridade inspira respeito e admiração.

Gera um poder natural.

A liderança.

O que observamos hoje é uma total inversão de valores.

Na natureza, o *status* alcançado por méritos leva ao poder. Hierarquia de grupo.

Na cultura ocidental, essa premissa inverteu-se: o poder leva ao *status*. E produziu uma equação às avessas.

O homem apaixonado pelo poder é, na maioria dos casos, um inseguro. Assim como a mulher mais bela, ele também acena ao sexo oposto com a promessa de maior prazer.

Mas o bastidor é muito diferente do palco.

Vestindo a fantasia

No mundo das deusas e dos poderosos, rola inadequação sexual e afetiva, insegurança e medo. A sexualidade dos "Adões" está muito longe da sexualidade das "Evas".

Amor é contradição. Sexualidade é diferença, individualidade.

As academias estão acabando com a contradição e a diferença, tão vitais ao amor e ao sexo. Disseminam barrigas negativas e tanquinhos.

Fora estrogênio, que desenha curvas macias para receber carícias. Os corpos estão sendo editados em uma imagem única de força e poder.

Um mundo sem diferença é um mundo sem sentimentos, ou melhor, um mundo em que o ódio e a inveja podem prevalecer.

A última menstruação e seus símbolos

Homens com seus carrões e charutos. Coronéis! Mulheres que apostam tudo em seios novos, de silicone.

Todos vestem a mesma fantasia. Fantasia de forte. Mas fantasias são desconfortáveis. Embaraçosas. Observe um desfile na Sapucaí. As pessoas ficam o tempo todo ajeitando o traje incômodo. E, às vezes, nem conseguem sambar...

A fantasia as impede de assumir o que realmente são. Sua imagem é espelhada nos olhos do outro. Na falta do olhar alheio, morrem afetivamente.

Assim, quem adere ao jogo do poder é deficitário sempre, vítima de insatisfação crônica. Nisso que dá pautar a vida pelos valores da mídia.

Genuína beleza

A vaidade está presente em todos nós. Faz parte do erotismo...

Quem não gosta de se olhar no espelho e sentir-se bem, bonito e saudável? E porque não se exercitar pela saúde e bem-estar?

Mas as verdadeiras necessidades de uma pessoa nunca são satisfeitas unicamente por meio de uma imagem. O alívio é fugaz.

Os dom-juans e os bombados não afirmam sua masculinidade seduzindo mulheres com sua fachada de machos, apesar de passarem muito tempo se olhando no espelho e levantando ferro em academias. Por mais eficaz que seja essa fachada, intimamente continuam inseguros e dependentes de sua imagem.

Resultado: mais dia, menos dia, sua receptividade afetiva e sexual sofrerá as consequências. E certamente essa ausência de realização aumentará sua insegurança, levando-os a investir uma energia ainda maior na imagem.

O saudável seria as pessoas se aceitarem tal como são: frágeis e inseguras. E trabalharem seus sentimentos.

Quanto mais caminho por este mundo, mais me asseguro de que beleza não se conjuga com um verbo só: "malhar".

Na dosagem equilibrada, tudo vem com benefícios, inclusive a malhação (não gosto muito desse termo!).

Beleza reside em uma combinação fértil de verbos. Engloba vivacidade interior, atividade física e intelectual, carisma e um poder natural, sem caras e bocas. Manter-se ativo em qualquer idade.

Belas são as pessoas que brilham sem artifício de iluminadores. Sua luz é natural.

Tempo de florescer

Assombrada por esses opressores, a mulher tende a associar a chegada da menopausa ao início da decadência.

Mas essa não é a única possibilidade.

Quando há uma receptividade saudável dos acontecimentos naturais do decorrer dos anos, ainda mais

A última menstruação e seus símbolos

depois de garantir a estabilidade fisiológica por meio da medicina moderna, os 50 anos podem abrir uma oportunidade de florescimento pessoal. O acesso a certo saber de experiência e lúcida indulgência.

Mulheres que aceitam o transcorrer das estações são fontes inesgotáveis de esperança. Irradiam paz. Simplificam os problemas. Têm a inteligência do coração.

Todos nós temos uma história pessoal e única.

Saúde é a capacidade de administrar o que a vida nos impõe e adaptar tudo isso dentro de nossa cultura e contexto social. Tarefa às vezes difícil, mas não impossível.

Reposição hormonal sem mitos

MENO PAUSA

> Deve andar perto uma mulher que é feita
> De música, luar e sentimento
> E que a vida não quer de tão perfeita
> Uma mulher que é como a própria lua:
> Tão linda que só espalha sofrimento
> Tão cheia de pudor que vive nua.
>
> "São Demais os Perigos desta Vida", Toquinho e Vinicius

"**N**unca houve melhor momento para ser uma mulher mais velha – você pode jantar fora, beber em bares, ir a clubes, concertos e teatro sem enfrentar olhares de reprovação. Deixamos de ser um grupo do qual as pessoas sentem pena." A frase da jornalista britânica Janet Street Porter, 68 anos, colunista do tabloide *Daily Mail*, em artigo publicado em 9 de setembro de 2012, descreve a nova geração de 50 anos.

As mulheres (e os homens) chegam a essa fase com vitalidade e, não raramente, a sensação de estar no auge da vida. Com energia de sobra, praticam esportes, trocam de emprego, de profissão, começam outra faculdade, encaram nova relação afetiva.

Isso tem sido possível graças aos avanços nos costumes e, sobretudo, na saúde.

A terapia de reposição hormonal foi um dos maiores presentes que a mulher recebeu da medicina. O principal objetivo, sem dúvida, é aliviar os sintomas da pré e pós-menopausa. Mas os benefícios não terminam aí.

A reposição hormonal traz ganhos adicionais: protege a massa óssea contra fraturas por osteoporose; conserva a espessura das mucosas (tecido que reveste internamente) da bexiga, da vagina e vulva; conserva a elasticidade e a vitalidade da pele; protege a saúde do coração e a circulação (vasos); preserva a motivação e o bem-estar geral; mantém o desejo sexual; preserva a lubrificação vaginal; mantém a sensibilidade do clitóris; e protege o sono e retarda o aparecimento de doenças degenerativas, como as que levam ao entupimento das artérias.

Terapia de reposição hormonal significa repor hormônio que o organismo deixou de produzir. Isso pode acontecer em decorrência de uma doença ou da falência da função de uma glândula.

Por exemplo, quando o pâncreas deixa de produzir a insulina surge o diabetes, que é uma alteração na utilização do açúcar pelo corpo.

Se a tireoide deixa de fabricar seus hormônios (T3 e T4), ocorre um distúrbio chamado hipotireoidismo, que prejudica o metabolismo.

Nesses dois casos, é importante repor os hormônios porque a diminuição ou a falta cria sérios problemas à saúde.

Diferentemente dessas glândulas, que só deixam de realizar seu trabalho quando atingidas por uma enfermidade, o ovário tem prazo de validade. Por volta dos 50 anos, encerra sua função.

Com a expectativa de vida média da brasileira ultrapassando a marca dos 80 anos de idade, a mulher terá pela frente três décadas de carência hormonal, o que pode ter um impacto muito negativo sobre sua condição física, mental e emocional.

Se na hipótese de falhas no pâncreas ou na tireoide não há discussão sobre a necessidade de repor o que está faltando, por que seria diferente no caso dos ovários?

Por que a mulher tem de aguentar passivamente essa agressão da natureza?

Por que há tanta polêmica em torno da terapia de reposição hormonal na menopausa?

Só vejo uma explicação. E ela passa longe dos alegados efeitos colaterais do tratamento – que serão discutidos neste capítulo.

É tabu porque mexe com a sexualidade: o tratamento pode despertar a libido, às vezes adormecida, e a sociedade resiste a aceitar que uma mulher de 50 anos tenha vida sexual ativa.

Antes do aparecimento do Viagra, que devolveu a potência aos homens de meia-idade, era ainda pior. Ninguém admitia uma vovó sexualizada.

O tratamento do que se chamava popularmente de "piripaque" ou histerismo da menopausada, consistia em receitar tranquilizantes e sedativos para acalmá-las. Nada melhor do que "vovós quietinhas"!

Agora que a mulher chega aos 50 anos ativa e cheia de energia, será preciso encarar a sexualidade na maturidade, nem que seja por uma questão de saúde pública.

Estudos apontaram aumento na incidência de doenças sexualmente transmissíveis (DST), como sífilis, clamídia e gonorreia, na Inglaterra, nos Estados Unidos e no Canadá, e aids no Brasil, nas pessoas acima de 50 anos.

...Era uma vez a menopausa

Pesquisa feita em Londres e divulgada em 2012 no periódico médico *Student BMJ* concluiu que em dez anos dobrou o número de casos de DSTs nessa faixa etária. E mais: que 80% dos adultos entre 50 e 90 anos são sexualmente ativos.

Por mais que lhe pareça desconfortável, a sociedade terá de lidar com esse fato.

Risco de câncer?

O principal argumento utilizado contra a terapêutica de reposição hormonal no climatério é a relação entre estrogênio e câncer de mama.

O temor foi alimentado pela divulgação em larga escala, em 2002, do estudo *Women's Health Initiative (WHI)*, que relacionou a terapia a maior risco de câncer de mama e de cardiopatias.

Ao longo de dez anos o estudo foi reavaliado e criticado porque diversas falhas foram encontradas. Tanto que o último Consenso Brasileiro de Terapêutica Hormonal na Menopausa, publicado em 2014 pela Associação Brasileira do Climatério (Sobrac), com o apoio da Febrasgo, assegura que o tratamento é seguro, quando bem indicado e acompanhado.

O fato é que o tumor de mama é o câncer-celebridade. Está em todos os meios de comunicação, mereceu diversas campanhas e recebe destaque anualmente no mês de outubro, quando monumentos são iluminados de cor-de-rosa.

Só que a mulher nem sempre consegue ter acesso à mamografia e aos demais exames com alta eficiência no diagnóstico precoce desse tipo de tumor.

Apesar da lei que, desde 2009, garante às mulheres o direito a realizar mamografias a partir dos 40 anos, existem apenas 5.000 mamógrafos no Brasil, metade deles no SUS, a maioria concentrada no Sul e no Sudeste, grande parte quebrada, em desuso ou sem manutenção, informou a Comissão de Mamografia do Colégio Brasileiro de Radiologia e Diagnóstico por Imagem (CBR) em 2014.

Por isso, estima-se que o percentual de mulheres na faixa etária de maior risco (50 a 69 anos) que fazem a mamografia pelo SUS é mínimo: não passa de 34%.

Enquanto isso, verbas que deveriam ser destinadas à saúde pública acabam desviadas pela corrupção.

Em março de 2015, a Polícia Federal divulgou um dado assustador: o montante desviado dos cofres públicos a partir de 2003, considerando apenas os que envolvem políticos, supera a marca de R$ 50 bilhões.

O valor representa o dobro do que foi gasto com estádios, aeroportos e mobilidade urbana para a realização da Copa do Mundo de 2014 — segundo o Tribunal de Contas da União (TCU), as obras ficaram em R$ 25 bilhões — e não inclui os R$ 10 bilhões investigados pela Operação Lava Jato, deflagrada pela Polícia Federal em março de 2014 para apurar pagamento de propina e superfaturamento em negócios da Petrobras com empreiteiras, doleiros e políticos.

...Era uma vez a menopausa

Enquanto isso, várias cidades brasileiras ainda padecem de epidemia de dengue. A lista de absurdos não tem fim.

A gênese do tumor

O câncer é uma doença multifatorial que se desenvolve ao longo de anos. Portanto, vários fatores podem estar envolvidos no seu aparecimento.

Resulta de alterações no DNA, molécula que carrega as informações genéticas do ser humano. Ou melhor, "mutações", para usar o termo técnico.

Em um minuto, ocorrem em nosso corpo cerca de 400 milhões de mutações.

Elas tanto podem ser induzidas por fatores ambientais – como cigarro, irradiações, poluição do ar, agentes químicos presentes na água e nos alimentos e vírus – quanto pela ação de genes capazes de atrapalhar a reprodução normal das células, denominados oncogenes.

O organismo dispõe de mecanismos para se proteger contra erros na divisão celular decorrentes dessas alterações no DNA. Os genes supressores de tumor impedem que as células "defeituosas" se multipliquem e levem adiante aquele erro.

Quando esse mecanismo protetor falha, as células de código genético alterado (células malignas) podem se reproduzir e proliferar. Eis como surge um câncer.

Podemos afirmar, então, que:

Reposição hormonal sem mitos

- todos os cânceres são de origem genética;

- a força propulsora do desenvolvimento do câncer é a mutação genética;

- as lesões nas células que acarretam tumores podem ser hereditárias – isto é, o embrião já nasce com tendência a apresentá-las – ou adquiridas ao longo da vida, a partir de mutações decorrentes de fatores ambientais.

O que os hormônios têm a ver com essas mutações?

Os hormônios têm ação proliferativa, ou seja, estimulam a reprodução das células e, consequentemente, podem aumentar o número de divisões celulares, mas não agridem o DNA. Logo, eles podem promover, mas não induzir um câncer.

Um estudo clássico sobre a evolução do câncer de mama mostrou que um tumor duplica seu tamanho a cada três ou quatro meses em média (cerca de cem dias).

São necessárias 20 duplicações para que o tumor atinja 1 a 2 mm de diâmetro, o tamanho detectado pela mamografia.

Para atingir 1 cm (em torno de 1 bilhão de células), devem ocorrer 30 duplicações no desenrolar de 8 a 10 anos.

Então, se a mulher fizer acompanhamento regular – mamografia, ultrassom de mama e, em casos especiais, ressonância magnética, em aparelhos adequados e com médicos radiologistas bem treinados –, o câncer de mama poderá ser diagnosticado quando ainda plenamente curável.

...Era uma vez a menopausa

A realidade clínica demonstra que os médicos que indicam a reposição hormonal são extremamente rigorosos na monitoração de suas pacientes e na exigência da mamografia semestral ou anual.

Da mesma forma, há evidências de que as pacientes que fazem uso de hormônios são mais atentas à realização periódica de exames de prevenção.

Talvez por isso os índices de morte por câncer sejam mais altos entre as mulheres que não aderiram à reposição hormonal. A frequência de evolução mais grave nesse grupo pode ser devida à menor atenção aos exames preventivos.

Fatores de risco

Se fizermos uma lista dos fatores de risco para câncer de mama, a terapia de reposição hormonal aparecerá nos últimos lugares, com um risco que varia de 1 a 1,5.

A idade do primeiro parto (abaixo de 20 anos ou acima de 30 anos) já oferece um perigo maior (entre 1,33 e 2,2).

O fator mais preponderante é ter idade acima de 50 anos (fator de risco 6,5).

A tabela a seguir apresenta os principais fatores de risco para cânceres em geral – sem especificar o local –, que também valem para os tumores das mamas.

Fator de Risco	Porcentagem
Furo	30
Obesidade adulta	30
Sedentarismo	5
Fatores ocupacionais	5
História familiar de câncer	5
Viroses/outros agentes biológicos	5
Fatores perinatais/crescimento	5
Fatores reprodutivos	3
Álcool	3
Estado socioeconômico	3
Poluição ambiental	2
Radiação ionizante/radiação	2
Medicações prescritas/procedimentos médicos	1
Sal/outros aditivos alimentares/contaminantes	<1

Revisões de estudos e trabalhos abrangentes e bem controlados têm destacado o aumento do risco de câncer de mama associado ao excesso de peso e obesidade. Pode chegar à ordem de 20% a 50%. Quando maior o peso, maior o risco.

Sendo assim, bons hábitos, como seguir dieta equilibrada, praticar exercícios físicos com regularidade e controlar o peso, têm ação preventiva e diminuem o risco.

...Era uma vez a menopausa

Outros fatores que reduzem as probabilidades de desenvolver um tumor na mama são: uso contínuo de anticoncepcionais (suprimem o ciclo), retardar a primeira menstruação, menopausa mais precoce e reposição hormonal adequada.

Pode-se, ainda, contar com o auxílio de uma das áreas que avançou muito nos últimos anos: o mapeamento genético.

Hoje, um estudo do sangue consegue apontar, com base na análise do DNA, a possibilidade de uma pessoa ter um câncer hereditário (com alta incidência na família).

O paradoxo

De modo geral, do ponto de vista hormonal, a vida feminina pode ser dividida em duas partes: dos 13 aos 50 anos e acima dos 50 anos.

A primeira engloba a juventude e a maturidade. É um período de abundância ou plenitude hormonal. A incidência de câncer de mama não chega a 1%.

A partir dos 50 anos, começa a penúria hormonal. O índice de câncer de mama começa a subir, especialmente na fase inicial do declínio hormonal.

A partir dos 60, passados 10 anos da menopausa, a incidência cresce para 2%. É um aumento significativo: de 100%.

Aos 70 anos (fim da segunda década pós-menopausa), atinge 3%, aumentando 200% em relação aos 50 anos.

Dos 80 anos em diante, os índices se mantêm estáveis, como demonstra o gráfico a seguir.

O Paradoxo dos Hormônios no Câncer

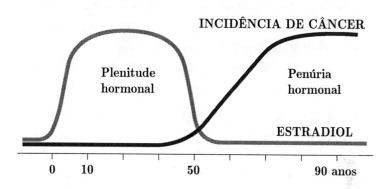

Ao interpretar esses dados, obtidos por meio de um estudo amplo, podemos concluir que, se a mulher tivesse uma expectativa de vida de 50 anos, o câncer de mama seria uma doença rara em período de plenitude hormonal, principalmente se passasse por muitas gestações, como ocorria no passado.

Logo, a ausência dos hormônios tem maior sintonia com a frequência de câncer de mama do que sua presença.

Também fica fácil entender que todo sintoma decorrente de carência hormonal, como depressão, baixa motivação e apatia, pode desestimular a vida ativa (intelectual, física e social) e favorecer o ganho de peso, o que, por si só, é importante fator de risco para maior incidência de tumor na mama.

O mesmo trabalho que possibilitou a construção do gráfico com o paradoxo referente ao câncer de mama levantou informações sobre câncer de ovário: a incidência é menor em mulheres que usaram pílulas anticoncepcionais por cinco a dez anos.

Em relação ao câncer de endométrio, no revestimento do útero, quando a reposição é feita com a associação de dois hormônios (estradiol e progesterona), o risco de desenvolver um tumor é menor do que nas mulheres que não utilizam essa terapêutica.

A primeira mensagem é que fica

Em 2002, uma capa da revista Época estampou *outdoors* de ruas de várias capitais. Trazia uma foto da atriz Angela Vieira, bela aos 50 anos e, em letras garrafais, a chamada: "Traídas pela Medicina".

Dentro da revista havia uma grande reportagem, com depoimentos de várias atrizes e mulheres conhecidas, sobre a divulgação dos resultados preliminares do estudo americano *WHI*, que acompanhou mais de 160.000 mulheres pós-menopausadas, com idades entre 50 e 79 anos, no período de 1993 a 1998.

Planejado para durar dez anos, ele foi encerrado inesperadamente após cinco anos em virtude de aumento nos casos de câncer de mama, infartos do miocárdio, derrames cerebrais e embolias pulmonares nas mulheres submetidas à reposição. Os resultados surpreenderam os médicos e alarmaram as pacientes.

Mas o trabalho não resistiu a uma criteriosa avaliação posterior.

Os testes foram feitos com um dos primeiros hormônios disponíveis para reposição hormonal (estrogênio retirado da urina de éguas grávidas). Na época já

Reposição hormonal sem mitos

era pouco utilizado pelos médicos porque havia opções mais modernas e eficientes.

Uma das principais críticas é que o estudo levou em consideração apenas um regime terapêutico de reposição hormonal quando já havia outros disponíveis. Outro ponto questionado foram as dosagens de hormônio fornecidas às mulheres, muito mais altas do que as adotadas habitualmente na prática de consultório. Boa parte da amostra era composta de usuárias acima de 60 anos e mais vulneráveis, pela idade, a distúrbios do coração e ao aparecimento do câncer em geral.

Além disso, não foram considerados os aspectos clínicos e individuais de cada paciente. Nem mesmo hábitos alimentares e atividades físicas, que refletem diretamente no peso.

O que causou mais alarde foi a forma como os resultados foram apresentados para o público leigo: em índice absoluto e não relativo, como deveria ser: 26% é diferente de 1,26%.

Explicando: nos Estados Unidos pesquisas estimam 8 casos de câncer de mama em 10.000 mulheres ao longo de um ano. No Brasil seriam 4 mulheres em 10.000 por ano. Pelos achados do estudo, haveria aumento de 1 caso em 10.000 mulheres por ano.

Assim, o aumento não seria tão significativo quanto a divulgação inadequada das estatísticas fez parecer.

Cinco anos depois, a revista publicou outra matéria divulgando o resultado das análises finais da pesquisa, com o título "Redimiram os Hormônios".

145

...Era uma vez a menopausa

Matéria pequena, que não mereceu capa nem *outdoor* de rua, trazia conclusões opostas à do texto anterior.

O autor afirmava que "médicos e pacientes poderiam voltar a olhar a reposição hormonal de uma forma mais positiva". Essa frase foi tirada da matéria.

É de uma arrogância absurda uma publicação leiga querer aconselhar médicos a olhar de forma positiva (ou negativa, como no texto veiculado em 2002) uma terapia ou qualquer outra conduta médica, técnica ou científica.

Nós, médicos, dedicamos grande parte de nossa vida a estudar. Participamos de congressos, atendemos, clinicamos, operamos e, obviamente, refletimos sobre o que é melhor para a saúde de nossas clientes com base em informações científicas, nossa experiência pessoal e na vivência de colegas.

Mas a primeira mensagem – espalhafatosa, assustadora, amedrontando mais do que informando – é a que fica.

Mensagens desse tipo são empregadas com êxito por marqueteiros em campanhas eleitorais de baixo nível, usando e abusando de ignorância da população para ganhar votos.

Jornalistas que escrevem sobre temas médicos devem ter a responsabilidade de orientar bem a população. Quem lê a mídia impressa, por mais que tenha cultura geral, não tem a obrigação de ser especialista nesse ou naquele assunto. É essencial garantir o acesso à informação correta e evitar a dupla mensagem ou a mensagem dúbia.

Tenho admiração por jornalistas que, além de bem preparados nos assuntos que cobrem, demonstram bom senso no peso de suas palavras.

A correção ou errata nem sempre consegue reparar uma injustiça que pode destruir, não apenas terapias, mas até imagens, carreiras e famílias.

Dúvidas comuns

Nas conversas com pacientes sobre terapêutica de reposição hormonal, fora a preocupação com o câncer, é comum aparecerem três dúvidas principais:

É possível evitar ou postergar a menopausa?

A parada da menstruação é um acontecimento biológico. Do início do declínio da função ovariana e o aparecimento dos sintomas ou não até a última menstruação podem passar cinco anos. O que a medicina pode fazer nesse período, por meio da reposição hormonal, é aliviar os sintomas, estabilizando hormônios, mas não retardar a idade da menopausa em cada mulher.

Reposição hormonal engorda?

Nosso metabolismo, as reações químicas celulares que ocorrem no corpo, muda com o passar dos anos. A cada 5 anos, mais ou menos. Isso quer dizer que o prato de comida que aos 40 anos não causava estrago algum pode facilitar o ganho de peso aos 50 anos.

...Era uma vez a menopausa

Resumindo, se não cuidar da alimentação, quem usa hormônio engorda e quem não usa também engorda. Olha pro maridão! Engordou também!

Alimentação adequada e exercícios físicos são cuidados importantes para quem pretende conservar o peso.

Ficou provado cientificamente que o hormônio feminino não aumenta a quantidade de gordura. Ele se limita a distribuí-la segundo o padrão feminino, desenhando curvas nas mamas, nos ombros, nos glúteos e nos quadris.

Até quando pode ser feita a reposição hormonal após a menopausa?

Depende de vários fatores, não só da idade. É preciso avaliar a saúde e o histórico de cada paciente. Na prática, já prescrevi reposição hormonal de 5 até 25 anos, individualizando a combinação e a dose de hormônios em cada caso.

Recomendações gerais

Depois de mais de 35 anos de experiência em cuidar da mulher, posso afirmar com segurança: a reposição hormonal é benéfica em relação a vários parâmetros da saúde geral da menopausada.

Mas é preciso orientá-la com bom senso:

1. Individualizar as doses e as vias de reposição.

Reposição hormonal sem mitos

2. Fazer combinações personalizadas.

3. Acompanhar o tratamento realizando exames físicos e de imagem anuais ou semestrais.

4. Informar sobre benefícios e riscos de maneira clara e objetiva. Como todo tratamento, esse também tem algumas contraindicações.

5. Ouvir a crença da paciente e confrontá-la com a experiência médica.

6. Saber que a decisão final é da paciente.

7. Lembrar que o câncer de mama e o de endométrio detectados nas pacientes em reposição hormonal apresentam melhor prognóstico e índices de cura mais altos.

Não custa lembrar: o rastreamento periódico e adequado tem alta eficácia no diagnóstico precoce de câncer – isso independe de usar ou não a terapêutica hormonal.

Hoje só morre de câncer ginecológico quem não faz os exames preventivos com supervisão médica.

O que dizem os especialistas

Como o tema da terapêutica de reposição hormonal tende a ser polêmico, achei interessante abrir espaço neste livro para outras vozes.

Pedi para colegas de várias especialidades refletirem, primeiro, sobre como a menopausa impacta a saúde da mulher e, segundo, de que maneira a terapia de reposição hormonal pode ser útil nesse momento, considerando riscos e benefícios.

Aqui estão as contribuições. Agradeço a todos eles pela participação.

Visão do cardiologista – Carlos Alberto Pastore[1]

Há evidências científicas de que certos aspectos da constituição feminina determinam riscos mais sérios à saúde cardiovascular quando comparados aos homens.

Na puberdade, o maior acúmulo de gordura corporal no sexo feminino aumenta a incidência de obesidade e, em consequência, de morbidade e mortalidade cardiovascular.

O uso de contraceptivos orais na fase adulta traz risco de tromboembolismo (obstrução de veias profundas por coágulo) e doença cardiovascular. Embora atenuado com o emprego de doses menores de hormônios, ele é maior nas mulheres fumantes.

Os anticoncepcionais orais também estão associados a maior risco de hipertensão, infarto do miocárdio e derrame.

Mulheres obesas que fazem uso de contraceptivos orais também têm risco aumentado de doença venosa tromboembólica.

---

1 Livre-docente pela Faculdade de Medicina da USP e diretor da Unidade de Eletrocardiografia do Incor FMUSP.

Reposição hormonal sem mitos

Usuárias de anticoncepcionais com mais de 39 anos de idade têm maior risco de trombose venosa profunda, especialmente quando há histórico familiar da doença.

O risco de doença vascular em mulheres jovens eleva-se no terceiro trimestre de gravidez e no pós-parto, inclusive o de derrame isquêmico durante e após o parto. As alterações que ocorrem durante a gestação, sobrecarregando os sistemas cardíaco, renal e circulatório, sofrem rápida transição após o parto, pela perda de sangue e pelo efeito vasoconstritor da oxitocina, além de um estado pró-trombótico que ocorre na gravidez e pós-parto para evitar perda excessiva de sangue.

Outras circunstâncias locais aumentam o risco de produção de trombos (coágulos) e de derrame nas mulheres predispostas, como traumas durante o parto. Pré-eclâmpsia ou eclâmpsia podem causar contrações involuntárias nos vasos, afetando a circulação.

Apesar desses fatores, o sistema cardiovascular feminino tem, durante a fase de atividade hormonal intensa da juventude e do período reprodutivo da vida, uma proteção aparentemente maior. No entanto, o declínio da atividade hormonal parece elevar a carga de risco de doença cardiovascular na mulher.

Nos Estados Unidos, 1 em cada 9 mulheres entre 45 e 64 anos de idade e 1 em cada 3 após os 65 anos desenvolvem sintomas de alguma forma de doença cardiovascular.

Embora os hormônios ovarianos ofereçam proteção contra doença vascular, graças a seus efeitos favoráveis sobre o metabolismo de lipoproteínas, inflamação vascular, vasodilatação e neuroproteção, os hormônios fornecidos nas terapias de reposição hormonal na pré e pós-menopausa aumentam o risco para esses distúrbios quando há fatores de risco associados.

Os principais fatores de risco cardiovascular na menopausa são: histórico pessoal de doença cardiovascular; idade acima de 55 anos; dislipidemia (colesterol LDL alto e/ou HDL baixo); histórico familiar de doença cardiovascular prematura; *diabetes mellitus*; tabagismo; hipertensão arterial; histórico pessoal de doença arterial periférica, cerebrovascular e aórtica.

A ocorrência de menopausa precoce natural (antes dos 44 anos de idade) foi associada à elevação no risco de doença cardiovascular.

Um estilo de vida sedentário, com baixo nível de atividade física, prediz mortalidade maior por qualquer causa, doença cardiovascular e derrame. Exercícios leves a moderados já são benéficos para mulheres saudáveis.

A nossa sugestão é que as mulheres busquem analisar com seu ginecologista os prós e contras da terapia de reposição hormonal após a avaliação cardiológica dos fatores de risco e da necessidade de medicação específica.

Visão do dermatologista – Ligia Kogos[2]

A terapia de reposição hormonal traz um ganho notável no que concerne à pele, aos cabelos e à postura

---

2 Dermatologista formada pela Universidade Federal de São Paulo (Unifesp).

e firmeza corporal, que se traduzem em impressão geral de boa aparência e saúde.

Filosoficamente, pode-se considerar que, se para a natureza interessa exclusivamente a preservação da espécie, por meio da reprodução, espermatozoides gastos com fêmeas que já não são mais férteis representam um "desperdício" para essa inexorável força à qual estamos todos submetidos.

Assim sendo, sob esse cruel ponto de vista, cumpre que mulheres maduras percam, a cada ano, beleza, ânimo e vitalidade para não disputarem com as jovens a atenção dos homens reprodutores.

Com a dramática privação hormonal do climatério, as mudanças no aspecto físico podem ser nítidas, ainda que variem de acordo com a genética, os hábitos, as condições de saúde, o equilíbrio e o estilo de vida.

Uma das mais temíveis consequências é a progressiva diminuição dos teores de colágeno da pele (2,1% ao ano após a menopausa nas mulheres não tratadas), assim como a degradação da qualidade desse colágeno, com fibras que se afrouxam, encompridam e passam a se dispor desordenadamente em feixes não paralelos.

O resultado direto disso é perda de elasticidade e firmeza, aumento da flacidez e diminuição do efeito "cinta" que a pele jovem e rígida exerce sobre a gordura subcutânea, tornando a superfície corporal mais ondulada. Ocorrem ainda ressecamento por perda de água ligada às moléculas de colágeno, menor oposição das estruturas da pele às forças da gravidade e maior

...Era uma vez a menopausa

transparência, por afinamento da derme, a vasos e irregularidades.

Tudo isso se traduz clinicamente por pele mais frouxa, sensação "mole", especialmente na parte interna das coxas, nos braços, no contorno facial e no pescoço, aparecimento de rugas na face, em torno dos olhos e nas laterais da face e de linhas na testa, formação de sulcos do nariz à boca, apagamento do contorno facial, queda das maçãs do rosto, aparecimento do *tear-trough* (caminho da lágrima, espécie de sulco semicircular do canto interno dos olhos em direção ao malar, responsável pelo ar abatido e cansado), olheiras escuras e bolsas sob os olhos (pelo afinamento da derme), acentuação da celulite por diminuição da contenção do subcutâneo, súbita visualização de vasos nas pernas, por transparência da derme antes densa e agora fina.

Um sintoma precoce é o ressecamento de antebraços, face e pernas, resistente aos hidratantes comuns. Os lábios também podem ficar secos, rachados e emoldurados por marcas radiais, conferindo expressão amarga e tensa à fisionomia. As unhas também se alteram: ficam fracas e vulneráveis a fissuras e descolamentos.

O déficit de hormônios femininos e a maior presença de hormônios masculinos levam a um desequilíbrio responsável pela queda de cabelo e diminuição de volume. Essa queixa é alarmante e frequente, mesmo nas menos vaidosas, ao observarem entradas semelhantes às masculinas se delinearem na testa, ao lado de rarefação na parte de trás da cabeça, com visualização do couro cabeludo! Cabelos finos que tardam a ganhar comprimento, ainda mais se tiverem sido descoloridos com reflexos, sempre danosos, são causa diária de ida aos dermatologistas.

Pelos recobrindo as faces instauram-se insidiosamente. A cintura torna-se mais grossa e áreas de gordura localizada depositam-se nos flancos e no abdômen.

Roupas que antes eram apreciadas passam a não caírem bem, mesmo que não tenha havido mudança de peso. E a postura incerta com a perda do porte orgulhoso da juventude compromete a percepção pelos outros de vitalidade e disposição.

Como se não bastasse, a voz torna-se desgastada e áspera, podendo-se conjecturar a idade de uma mulher unicamente por ouvi-la ao telefone ou pelas risadas raspadas, outrora cristalinas.

Com a terapia de reposição hormonal, destacadamente estrogênica, personalizada e adaptada pelo ginecologista para cada caso, é possível retardar e reverter consideravelmente grande parte desses sinais ligados à imagem envelhecida.

Seja por via oral, implantes, adesivos, cremes vaginais ou – na impossibilidade de reposição sistêmica por fatores específicos – com cremes formulados por dermatologistas para agir de maneira mais discreta e regional, a pele, em sua porção dérmica mais profunda, começa a reorganizar o colágeno e proliferar as fibras da elasticidade, a fixar água, a tornar-se mais espessa na derme e superficialmente refinada – como ao pinçar o rosto de uma jovem com dois dedos: a sensação é de consistência, mas de superfície delicada e refinada.

Alterações positivas no teor de colágeno na pele de pacientes podem ser inclusive comprovadas laboratorialmente por biópsias, depois de três a quatro meses do início da reposição com estrógenos.

Cabelos retomam parte de sua força, calibre e densidade e crescem visivelmente nas zonas onde não houve tempo para os fios sofrerem atrofia definitiva.

A mucosa vaginal, seca e frágil, volta a ser macia e resistente.

A pele do corpo retoma sua textura sedosa, firme e hidratada.

Manchas vinhosas em antebraços de mulheres com 15 anos ou mais pós-menopausa não tratada, regridem após cerca de seis semanas de tratamento apenas tópico, com cremes locais que combinam hormônios femininos e masculinos, além de retentores de água e lubrificantes.

A face readquire brilho, vida e parte da firmeza.

A queda das estruturas da face e pescoço reverte parcialmente em graus variáveis, em virtude do encurtamento das fibras e da reorganização do colágeno, obtendo-se o efeito *lifting*.

Poros dilatados no centro da face têm maior chance de se fecharem com ácidos e laser.

A flacidez corporal tem chances de mudar com ganho de turgor e homogeneidade da superfície corporal ao fim de seis meses, ainda mais se houver concomitância de exercícios moderados, equilíbrio alimentar e supressão do fumo.

Dado o sinal verde por seus médicos, a terapia de reposição hormonal será benéfica tanto do ponto de vista geral, quanto do ponto de vista não menos importante de necessidade estética, já que a mulher, em todas as fases da vida, independentemente da idade, apoia-se muito em sua imagem no espelho para se sentir apta a enfrentar o dia.

Como nos lembrou Molière, exímio observador da sociedade no século XVII, "[...] la grande ambition de femmes est, croyez-moi, d'inspirer de l'amour"[3].

Para o bem e para o mal, é característico do feminino – e por isso tão comovente – o desejo de agradar aos que estão ao redor, desde os pais, na infância, passando por professores, amigos, amores juvenis e maduros, colegas, conhecidos, filhos, netos, bisnetos e, por fim, ao se extinguir a existência, até aos médicos e enfermeiros.

O trágico e o sublime, prazer e dor, definem nossa vida, e as mulheres parecem, cedo ou tarde, compreender resignadamente, mas não sem graciosa luta, esse mistério...

Visão do mastologista – Waldemar Kogos[4]

Reposição hormonal significa repor aquele hormônio que está faltando ou sendo produzido de forma insuficiente. Isso vale para todas as glândulas do

---

3   Segundo Molière, "a grande ambição das mulheres é, acredite em mim, inspirar o amor".
4   Mastologista e ginecologista, professor na Escola Paulista de Medicina (Unifesp).

...Era uma vez a menopausa

organismo que não funcionam adequadamente ou foram retiradas em cirurgias.

No caso dos hormônios sexuais femininos, a reposição pode ser necessária quando os ovários deixam de atuar ou diminuem a produção de hormônios de tal forma que surgem sintomas desagradáveis, como fogachos, as tais ondas de calor, insônia, irritabilidade, secura vaginal em maior ou menor intensidade e, com o passar dos anos, osteopenia, a descalcificação óssea que, se não for tratada, evolui para osteoporose, quando os ossos sofrem fraturas com certa facilidade.

O benefício da reposição hormonal com relação aos sintomas citados é evidente e indiscutível. Fora isso, há nítida melhora do tônus da pele e do aspecto dos cabelos e benefício à atividade sexual. Portanto, a reposição hormonal veio para ficar.

Contudo, nem todas as mulheres podem fazer o tratamento. Há contraindicações absolutas e relativas que requerem avaliação médica. Certos órgãos são particularmente atingidos pelos hormônios femininos, como as mamas e o útero, que têm receptores específicos para esses hormônios.

No que se refere às mamas, recomenda-se exame clínico minucioso, ultrassonografia e mamografia. Esses exames serão repetidos, uma vez instituído o tratamento, a cada oito a dez meses.

Mulheres com antecedente familiar ou pessoal de câncer de mama não devem fazer a reposição, pois se observa estreita relação entre esse tipo de câncer e o fator genético herdado. Não há comprovação de que a reposição hormonal cause a doença, mas pode acelerar o crescimento de um tumor preexistente.

Quando a paciente apresenta sintomas muito exuberantes no período da menopausa e há casos de câncer de mama em parentes próximos, é interessante fazer a pesquisa de mutações genéticas. Se não houver mutações, pode-se instituir, cautelosamente, a reposição hormonal durante um curto período (alguns meses), visando à melhora desses sintomas. Na existência de mutações genéticas, há contraindicação absoluta.

Vale a pena considerar que a expectativa de vida das pessoas em geral e das mulheres em particular tem aumentado significativamente nas últimas décadas, chegando a 90 anos ou mais. Supondo que a menopausa ocorra aos 50 anos, grande parte das mulheres viverá a segunda metade da vida sem a presença natural dos hormônios ovarianos, perdendo qualidade de vida. Esse é o caso em que entra a reposição.

Em princípio, ela é feita utilizando-se estrógeno e progesterona, de forma contínua, por via oral. Nas mulheres submetidas à histerectomia (retirada do útero), pode-se usar somente o estrógeno, pois a ação protetora da progesterona sobre o endométrio (camada interna do útero) não é mais necessária. Além da via oral, pode-se indicar a via transdérmica, em forma de gel, ou mesmo a via injetável por meio de aplicação intramuscular mensal.

Cabe lembrar que os derivados da soja, as isoflavonas, não têm utilidade na reposição hormonal. Apesar da ideia de ser uma alternativa quando há impedimentos ao uso do estrógeno, na prática não se observa benefício para a paciente.

A duração do tratamento é discutível. A reposição hormonal poderá ser feita por dez a quinze anos, evidentemente, mediante avaliação médica constante. O essencial é que o tratamento seja individualizado de acordo com o perfil e o estilo de vida de cada mulher.

Visão do endocrinologista 1 – Fabiano Serfaty[5]

A menopausa é parte natural do ciclo de vida da mulher, por isso é importante que ela saiba o que esperar desse momento e como lidar com seus sintomas.

De acordo com estudos, a idade média da última menstruação é 51 anos em não fumantes e 49 anos em fumantes, mas pode variar entre 47 e 55 anos.

As mudanças começam quando a mulher para de ovular e os ovários passam a produzir menos hormônios. A transição para a menopausa leva de quatro a cinco anos. Durante essa fase, os níveis hormonais tendem a variar muito.

Algumas mulheres podem menstruar alguns meses, outros não. Os ciclos menstruais podem ser mais curtos ou mais longos e o fluxo pode ser menor ou mais intenso que o habitual.

Durante esse período, é importante lembrar que ainda existe a possibilidade de engravidar.

---

5 Clínica médica e endocrinologia, Rio de Janeiro.

A menopausa geralmente ocorre de forma gradual. No entanto, às vezes pode ser abrupta – por exemplo, quando os ovários são removidos cirurgicamente ou danificados por tratamentos de radiação ou quimioterapia.

Normalmente, os primeiros sintomas da menopausa são ondas de calor (fogachos) e alterações de humor.

Problemas na esfera sexual também são muito notados, seja por diminuição ou falta de desejo e/ou por secura vaginal.

Diversos sistemas do corpo humano podem ser afetados:

- Vasos sanguíneos: mudanças rápidas de temperatura do corpo, ondas de calor (fogachos), suores noturnos com consequente dificuldade para dormir.

- Cérebro/ nervos: alterações frequentes de humor, sentimentos de tristeza, raiva, choro fácil, depressão e/ou ansiedade.

- Órgãos genitais: ressecamento vaginal, coceira e dor durante a relação sexual. Pode haver incontinência urinária.

- Ossos: maior risco de perda óssea, osteoporose e fraturas.

- Coração: aumento do colesterol e da formação de placas nas artérias, elevando o risco de doenças cardiovasculares.

Visão do endocrinologista 2 – Alberto Serfaty[6]

Atualmente o tratamento da menopausa pode ser abordado de duas maneiras.

Logo no início, em geral nos primeiros cinco anos, a paciente deve discutir com seu médico os sintomas apresentados e a necessidade de tratá-los. Caso realmente incomodem, pode-se pensar em utilizar o estrogênio para gerenciá-los durante alguns anos, se não houver contraindicações, como alto risco para câncer de mama, histórico de infarto, derrame (AVC) ou trombose prévia.

Se, depois de pesar os prós e contras do estrogênio, o médico e a paciente optarem por não utilizar o hormônio feminino, há outras terapêuticas disponíveis.

O tratamento também pode ser feito mais tardiamente, isto é, cerca de dez anos depois da menopausa. Nesse caso, ele se concentra na prevenção de doença cardíaca e osteoporose.

Na maioria das mulheres, os calores e as alterações de humor tendem a melhorar com o tempo: duram quatro ou cinco anos, depois vão embora. Para algumas, no entanto, os sintomas podem persistir por dez anos ou mais.

A paciente e seu médico devem trabalhar juntos, discutir todas as opções de tratamento, para decidirem o que é mais adequado naquele caso específico.

---

6 Clínica médica, endocrinologia e nutrologia, Rio de Janeiro.

O bom senso do médico na hora de orientar sua paciente é ponto fundamental para tomar as melhores decisões.

Visão do endocrinologista 3 – Filippo Pedrinola[7]

Polêmica e controversa há décadas, a terapia de reposição hormonal é um tema rodeado por sentimentos de medo e insegurança por parte de pacientes e médicos de diferentes áreas. Costumo dizer que em medicina não podemos "achar" nada, mas sim exercer a profissão baseados sempre em evidências científicas. A história da medicina nos mostra que se trata de uma ciência de verdades temporárias, e é por isso que estive sempre disposto a "olhar fora da caixa" e estudar sempre.

O termo "hormônio" tem origem grega e significa "pôr em movimento". Hormônios são mensageiros químicos produzidos e liberados por células específicas do nosso corpo e têm papel fundamental no bom funcionamento dessa incrível máquina humana. Existem centenas de hormônios conhecidos, cada um com uma ou várias funções das quais dependemos para viver; mesmo assim muitas pessoas se assustam quando se fala em reposição hormonal, como se hormônio fosse algo que fizesse mal. Essa espécie de preconceito pode tirar de uma mulher na menopausa a oportunidade de viver a vida de forma plena, sem que esse período

---

7   Médico formado pela Faculdade de Medicina da USP (FMUSP), com doutorado em endocrinologia pela mesma instituição.

necessariamente signifique o início da velhice, com toda a carga de sintomas psicofísicos conhecidos.

Oriento meus pacientes a desconfiarem do profissional da área de saúde que disser "sou contra" ou "sou a favor" da reposição, porque, na realidade, cada caso deve ser tratado de forma única, sempre levando em conta os riscos e benefícios. O médico deve ser o cuidador de seu paciente e usar e abusar do bom senso.

Cada vez mais acredito que os hormônios não caem porque envelhecemos, mas que envelhecemos porque os hormônios caem. O climatério é a fase em que a mulher passa do estágio reprodutivo para o não reprodutivo, na qual os ovários deixam de produzir os hormônios esteroides sexuais. Graças aos avanços da medicina e do desenvolvimento, a mulher vive em média mais de um terço de sua vida após a menopausa, e é importante que essa vida tenha qualidade.

As sociedades Norte-Americana de Menopausa e Brasileira do Climatério recomendam a reposição hormonal para aliviar sintomas como ondas de calor, envelhecimento da pele e atrofia urogenital. Os geriatras apontam que a mulher de vida saudável que recebe reposição hormonal chega aos 60 anos com menos doenças típicas da idade. A osteoporose é uma delas.

O que mais mata a mulher após a menopausa é o infarto do miocárdio e o acidente vascular cerebral (AVC ou derrame). Porém, culturalmente, ela é direcionada a se preocupar apenas com o câncer de mama. A reposição, desde que bem indicada, ajuda muito na prevenção de doenças cardiovasculares, além de aliviar os sintomas típicos da menopausa e o ritmo das mudanças relacionadas ao envelhecimento.

Algumas mulheres passam pelo climatério tranquilamente, enquanto outras sofrem muito com as mudanças físicas, metabólicas e neuropsíquicas. Quando prescrevo terapia de reposição hormonal, sempre solicito à paciente que faça um cuidadoso acompanhamento semestral ou no mínimo anual com seu ginecologista.

O que precisa prevalecer é o bom senso, que deve passar longe de radicalismos e apoiar-se em evidências científicas.

Visão do cirurgião vascular – Salvador José de Toledo Arruda Amato[8]

Ouve-se muito falar de uma possível relação entre hormônios e varizes. O objetivo deste texto é esclarecer que não existe uma causa única para o problema. Ele resulta de uma combinação de fatores.

Vale a pena lembrar que a bomba cardíaca impulsiona o sangue para todo corpo, levando o oxigênio para a nutrição das células. Ao retornar para o coração, o sangue caminha pelos membros inferiores e tem de vencer a força da gravidade. Para isso, as veias têm válvulas que abrem e fecham. O sentido do sangue deve ser direcionado de baixo para cima e do sistema super-

---

8 Cirurgião vascular e angiologista, foi professor titular de cirurgia vascular da Universidade de Santo Amaro (Unisa).

...Era uma vez a menopausa

ficial para o sistema profundo, sempre orientado pelas válvulas. Esse trabalho é facilitado pela contração muscular dos pés, das batatas das pernas e das coxas.

O enfraquecimento das paredes das veias e das válvulas gera uma sobrecarga de todo o complexo venoso. Na pele, nota-se o aparecimento de linhas avermelhadas e arroxeadas que medem de 0,1 a 1 mm de diâmetro, as chamadas telangiectasias. Com o agravamento do quadro, surgem as microvarizes, de coloração azulada e com 1 a 2 mm de diâmetro, que são extremamente indesejadas para o paciente, sob o ponto de vista estético.

Veias dilatadas e tortuosas superiores a 2 mm de diâmetro aparecem quando as válvulas não se fecham corretamente, por insuficiência, e podem gerar sensação de peso, inchaço, queimação, ardor e dor nas pernas, principalmente ao final do dia. Às vezes, há também escurecimento da pele, vermelhidão, eczema (processo inflamatório agudo ou crônico da pele), coceira e, o quadro mais temido, úlceras (feridas) na perna.

Vários fatores contribuem para a dilatação e a insuficiência valvular. A hereditariedade é extremamente importante e considerada fator primordial. O gênero também conta. As varizes são mais frequentes nas mulheres do que nos homens, na proporção de 8 para 1. A diferença é atribuída à variação hormonal do ciclo menstrual, em especial à ação do estrógeno e da progesterona, cujo resultado é o aumento no diâmetro das veias dos membros inferiores, com repercussão no fechamento das válvulas.

A grande questão é em que medida os hormônios presentes nos contraceptivos orais e nas terapêuticas de reposição hormonal também podem ter esse efeito.

Antigamente, por conterem uma carga hormonal muito maior do que a atual, provocavam uma série de efeitos colaterais e indesejados. Com a evolução dos estudos, eles passaram a fornecer uma quantidade mais equilibrada de hormônios, ocasionando menor influência vascular nos pacientes com predisposição genética. Logo, as consequências hoje são muito menores do que as de outrora.

O tratamento das veias varia conforme o estágio do problema e o nível de incômodo do paciente e pode abranger desde a escleroterapia tradicional no consultório ao uso de laser endovenoso em ambiente hospitalar. O importante é que o especialista ouça as queixas do paciente e determine, de maneira eficaz, que terapêutica deve ser adotada.

A tendência atual na medicina é utilizar a comunicação entre especialidades em prol do paciente, de forma sábia e complementar. Esse mesmo raciocínio deve orientar a discussão sobre o uso de hormônios, seja para a anticoncepção ou para a reposição hormonal. O tema deve ser abordado visando ao bem-estar prioritário do paciente, com o auxílio de quem mais entende do assunto, o médico.

Visão do psiquiatra – Ricardo Pupo Nogueira[9]

Não há como não associar a menopausa, produto da readaptação hormonal, com o registro mais óbvio de um encerramento de função, do qual se origina aquela incômoda sensação de fim de festa. Os registros

---

9   Psiquiatra e psicanalista, doutor em semiótica pela PUC-SP.

...Era uma vez a menopausa

orgânicos nos circunscrevem em um ciclo temporal asfixiante e imprevisível. Asfixiante porque a expectativa que alimentamos em relação à projeção de vida não se ajusta a critérios reais e imprevisíveis, porque a validade orgânica tem razões próprias que não são previamente determinadas.

Sendo assim, não é difícil perceber que a organização funcional da vida depende de uma boa adequação de nossas expectativas às reais condições orgânicas para que estejamos aptos a nos acomodar às suas determinações, e não o contrário, o que acarreta sintomas e disfunções em nosso desenvolvimento geral.

Grosso modo, poder-se-ia dizer que a menopausa funciona como um balizamento propício a estabilizar funções determinadas pela evolução orgânica. O respeito a essa sinalização abre a possibilidade de uma composição saudável com o processo evolutivo, e digo saudável por levar em conta a imposição biológica e, portanto, situacional, no contexto da vida, que, no fundo, é regido pelo processo orgânico que nos atualiza no tempo.

O desrespeito a informações tão determinantes abre a perspectiva para modelos disfuncionais de adaptação. O desrespeito aos sinais determinantes orgânicos ocorre quando o desejo transcende essa demarcação no embalo da superestimação de seus poderes. Essa superestimação, que chamamos de onipotência, torna os projetos derivados desse falso poder fadados ao fracasso. Em tal conjuntura, os fracassos são incorporados como incapacidades e geram desestruturações sérias na integridade do sujeito, vítima de tal disfunção.

A confusão reside no fato de que na verdade não é o sujeito que não é capaz. Ele só não está adequando sua capacidade aos critérios reais e determinantes da vida com os quais ele a poderia compor. Em vez disso, ele se mobiliza em relação ao sonho de transgredir as demarcações vitais no voo onipotente de seu desejo.

As depressões melancólicas tendem a se agravar nessa fase por conta de tal processo disfuncional, e não porque a menopausa seja um agente depressivo melancólico. Não se pode esquecer que a melancolia carrega dentro de si esse processo narcísico da superestimação do desejo. As demarcações orgânicas funcionam como filtros que retêm processos dessa natureza; não são elas que os desenvolvem.

Em uma demarcação existe um limite que precisa ser respeitado. Não que ele não possa ser desafiado, mas não se deve desconhecer que esse desafio testa o limite e não o despreza, como faz o desejo onipotente. Entende-se, então, que a expressividade dos sintomas da menopausa seja mais intensa ou mais leve de acordo com a assimilação dos sinais orgânicos. A missão da correta absorção dos sinais não fica mais fácil quando esclarecida; ela fica apenas viável.

É perfeitamente compreensível que os calores, ressecamentos e outros componentes dessa fase sejam desagradáveis; também é compreensível a apreensão causada por um registro nítido do tempo de vida, dos projetos readaptados ao encurtamento do caminho, mas eles são inalienáveis e, quando bem compostos, possibilitam a tranquilidade de estar ajustado a um fluxo de vida, o que nos redime de certos excessos aos quais nos sujeitamos com frequência.

Devidamente ajustados aos inalienáveis sinais vitais, tornamo-nos mais viáveis e mais propícios a reconhecer os novos chamados da vida, que sempre estarão presentes.

Os desejos onipotentes nos limitam a enxergar apenas o que a fantasia embutida neles nos obriga a contemplar, impelindo-nos a servir a essa mirada apenas contemplativa em detrimento de todos os outros horizontes possíveis de registrar.

Os sintomas psicopatológicos são sinais indiretos de uma economia interna desarranjada, e não sinais diretos de um problema específico. É preciso entendê-los como evidência de desarranjo e não de falta. É dentro dessa lógica que podemos entender a menopausa não como um problema, mas como uma demarcação que filtrará os processos de desenvolvimento, evidenciando as novas providências a serem tomadas.

Visão do psicoterapeuta de casal – Teresa Bonumá[10]

Todos os casamentos passam por diferentes fases de transformação. Nos primeiros anos, há o desafio de adaptação. Ambos precisam se habituar à nova convivência e acertar códigos de conduta – muitas vezes, não verbalmente – para que o dia a dia flua naturalmente.

---

10   Psicoterapeuta de adultos, casais e famílias.

Com a chegada dos filhos, a prioridade muda. O foco, antes direcionado para a atenção e a dedicação mútua entre o casal, desloca-se para o intenso e incansável investimento na educação, na saúde e no desenvolvimento psicossocial dos filhos.

Os filhos crescem e buscam seus interesses pessoais fora de casa. A jornada da família novamente se altera. Os pais começam a sentir os primeiros sinais de abandono, naturais e saudáveis, dentro de uma família equilibrada.

Agora mais maduro, o casal volta-se para um momento complexo e muito parecido com o começo da relação. Estão de novo sozinhos, cara a cara. E como pano de fundo ocorre a menopausa da mulher.

Nenhum relacionamento é linear, ao contrário, é uma luta constante de adaptações às mudanças internas. A menopausa é mais uma variável que poderá surgir como elemento desagregador, ou não, no casamento. Isso dependerá da trajetória dessa mulher. Mais especificamente, de como ela esteve atenta aos seus valores e necessidades pessoais ao longo dos últimos anos, valorizando ou não o autoconhecimento, respeitando-se, ocupando-se de sua saúde mental e física e, principalmente, mantendo-se atualizada sobre como a medicina pode auxiliá-la nesse momento.

Se assim for, ela fará essa passagem com tranquilidade e segurança. Entretanto, se essa mulher estiver descontente com algum aspecto importante de sua vida – nos âmbitos pessoal, profissional, familiar, social ou mesmo no casamento –, fatalmente toda a sua insatisfação afetará o vínculo do casal. Suas angústias

...Era uma vez a menopausa

maximizarão os sintomas físicos e emocionais a ponto de interferir na vida a dois.

Portanto, todo o cuidado da mulher em suas primeiras décadas de vida repercutirá nesse momento. E cabe a ela estar atenta às informações sobre a menopausa para não ser pega de surpresa e fazer disso um problema.

É importante frisar que, se ela estiver driblando bem suas mudanças hormonais, seu parceiro não sentirá a fase da menopausa como um problema, mas como mais uma nova etapa do relacionamento. Até porque, se um casal manteve-se unido até os 50 anos da mulher, isso já é um indício de bom ajustamento a dois, o que os ajudará ainda mais a compartilhar e enfrentar esse momento de forma saudável.

Não me lembro de receber um casal para psicoterapia que tenha vindo me procurar para trabalhar, especificamente, a vivência da menopausa. Sua motivação principal é esclarecer os problemas para os quais sozinhos não encontram saída. Os mais recorrentes abrangem temas relativos a constantes desentendimentos no dia a dia, traição, mágoas e ressentimentos acumulados, dificuldade de aceitação dos novos valores que se instalam na família, diminuição da frequência sexual, esfriamento afetivo, diferenças de personalidade que se acentuam com a convivência, valores que se diversificam com o passar dos anos, educação dos filhos etc.

Uma das queixas preferidas do homem que permeia as discussões dos problemas apresentados é a oscilação de humor da mulher. Mas essa oscilação ocorre na fase da TPM e não necessariamente na menopausa.

Se a mulher estiver em sintonia com ela mesma, encaixada em seu próprio ser, sem se preocupar com os rótulos que a sociedade impõe, terá sabedoria para fazer uma boa parceria, seja dentro de um relacionamento novo ou antigo.

Bem-vinda a mulher que homenageia a vida com seu parceiro, aceitando-se e orgulhando-se de sua condição feminina na sociedade, em qualquer fase de sua vida. Assim, em plenitude consigo mesma, o entorno – marido, filhos, profissão e relacionamentos – seguirá esse mesmo fluxo de normalidade, como a vida realmente é, uma transposição de fases, cada uma com seus desafios e aprendizados.

7

Amor, sexo e erotismo na maturidade

Toda mulher quer ser amada
Toda mulher quer ser feliz
Toda mulher se faz de coitada
Toda mulher é meio Leila Diniz

"Todas as Mulheres do Mundo", Rita Lee

squeça a figura da respeitável senhora de meia-idade, na cadeira de balanço, tricotando para os netos, ou participando de cerimônias sociais com seu um infalível *tailleur* em tons pastéis.

Pesquisa feita por uma marca de vestuário voltada para mulheres mais velhas observou que uma parcela considerável de suas clientes prefere se vestir de maneira mais provocante.

Em geral elas têm mais de 50 anos e estão solteiras, por isso ganharam nos Estados Unidos o rótulo de *Swoftys* (*Single Women Over Fifty*).

Belas e malhadas, frequentam baladas e *sites* de relacionamento em busca de par e não têm escrúpulo em se relacionar com homens mais jovens.

Madonna, Demi Moore e Sharon Stone seriam suas "embaixadoras".

São admiradas pelas mulheres e desejadas pelo público masculino, graças à genética favorável, aos modernos tratamentos médicos e estéticos e à sensualidade no vestir.

Elas constituem uma versão atual dos arquétipos demoníacos femininos que lotam a mitologia humana. São as *femmes fatales* do século XXI.

Após milênios de história, a sexualidade feminina não perdeu sua essência: seduzir e atrair.

Antes, para reproduzir.

Agora, as mulheres maduras estão subvertendo esse imperativo.

Este capítulo aborda a sexualidade na maturidade, seus desejos e desafios, partindo de uma reflexão sobre a atração e o poder feminino ao longo da história, estabelecendo as diferenças entre amor e sexo e esboçando pistas para a construção de relações mais equilibradas e gratificantes.

O paraíso de Eva

No tempo das cavernas, os olhos masculinos procuravam a fêmea. Seu corpo era voltado para a atração, a fertilidade e a reprodução.

O sexo transcorria com o primitivismo pélvico e abdominal. Sem os bloqueios e floreios do intelecto. Era o cio.

Em épocas de fome, caça e sobrevivência, a gordura estrogênica de Vênus era a esperança de abundância.

A arte era dominada por outros padrões. Os desenhos e as pinturas das cavernas não se projetavam aos olhos como os modernos *outdoors*.

As ilustrações registradas naquele espaço frio, úmido e escuro não tinham como propósito tornarem-se públicas.

Eram subjetivas.

Invocação, esperança e oração.

O interior das cavernas era uma "invaginação da terra". Ali, os homens depositavam seu sêmen artístico.

A pintura era um ato sexual.

E o que ficava nessa grande vagina era uma semente que, se fertilizada, poderia trazer vida. Tinha vitalidade, movimento e dinâmica.

Nesse universo primitivo, o número de homens era três vezes maior que o de mulheres. A desproporção resultava dos elevados índices de mortalidade materna. Grande porcentagem das mulheres não sobrevivia à gravidez e ao parto.

Como não faltava homem, não havia necessidade de recursos artificiais para salientar os sinais sexuais. Eles estavam naturalmente expostos tanto na fêmea humana quanto em outras espécies de primatas. Veja a figura a seguir.

...Era uma vez a menopausa

Essa figura revela como a sinalização que ocorre no genital é imitada na área frontal. Todas as modificações do cio aparecem no peito.

Mesmo que em altas árvores o vento dificulte ao macho sentir o cheiro emanado no cio, eles podem ver os sinais estampados no peito da fêmea como se dissessem: "Estou receptiva pra você, *darling*". Ou, em uma linguagem roqueira: "Pode vir quente que estou fervendo, *baby*".

Aí rola sexo sem erotismo e sem fantasia... Pouca diversão e muita fertilidade. Os machos com mais testosterona dominam e espalham seu sêmen em várias fêmeas.

Enquanto os hormônios sexuais estão em baixa, a fêmea não deixa o macho se aproximar. Ela morde e se defende. É o instinto de autopreservação.

Quando seus ovários inundam o cérebro com hormônios sexuais no cio, ela permite que o macho se aproxime, e então se acasalam. Prevalece o instinto de preservação da espécie.

Voltando aos "humanos". Com a marcha bípede, o primeiro plano visto pelo outro é de frente.

Quando a mulher vem, a socialização é frontal. Olho nos peitos; olho no quadril, olho nas coxas; olho na boca...

Já quando ela vai, é olho na bunda; olho nas costas; olho nos cabelos, no pescoço e nos ombros. O olhar avista todo o arredondamento trabalhado pelo estrogênio.

Quando ela se aproxima, o homem percebe o cheiro (o perfume!) e o hálito. Tudo o que os olhos podem vislumbrar em fantasia erótica, o olfato pode anular em segundos ou triplicar.

Visão, olfato, tato e audição trabalhando em conjunto.

Tudo pode ir muito bem até que a moça fale. Uma voz pode triplicar a sensação ou diminuir o ímpeto.

Resumindo, o sexo é sensorial. Dois quilos a mais ou algumas estrias não contam; só têm valor para o estilista.

E quando a mulher vê o homem? Como fica esse olhar?

O estrogênio prepara o sexo feminino para emitir sinalizações e a testosterona prepara o homem para receber essa mensagem, ou seja, *striptease* de homem é cômico, o inverso do que prevê a biologia.

Quando uma mulher faz uma dança erótica e vai retirando a roupa, seus movimentos e sua imagem podem magnetizar magicamente dez homens.

Já quando homens dançam tirando a roupa e fazendo caras e bocas, a plateia feminina morre de rir.

No paraíso de Eva, as relações sexuais eram estimuladas e determinadas por características asseguradas pelos hormônios, em especial a atratividade estrogênica.

As fêmeas humanas tornavam-se naturalmente mais desejáveis nos dias que precediam a ovulação. Uma vez férteis, engravidavam e amamentavam até a próxima ovulação.

Não existiam TPMs, nem cólicas. A menstruação era um evento ocasional.

Nesse cenário em que a procura por "Evas" era maior do que a oferta, os "Adões" ficavam tão enlouquecidos que só havia um meio de acalmá-los: direcionar sua adrenalina para outra atividade estimulante.

Então inventaram as guerras.

A recriação do olhar

Da fêmea e do feminino até a mulher, muita água rolou. Da caverna até os *outdoors*, da imaginação mítica até a mídia, as imagens ganharam outra dimensão.

A beleza, como nós a conhecemos, tem origem no Egito.

Os egípcios inventaram o "olho". Desenharam os adornos, criaram maquiagens e valorizaram tudo isso. Ali nasceram a beleza como poder e o poder como beleza.

Não foi na Grécia clássica, nem na Roma antiga, como imaginam alguns. A elegância matemática nasceu às margens do Nilo.

Os egípcios foram os primeiros *beautiful people* da história. Glamorizaram a decoração, as joias e os seios pequenos. Ressaltaram os sinais sexuais biologicamente programados por meio da coloração (hoje maquiagem) da boca, dos olhos e da face.

O quadro do pintor surrealista René Magritte representa os sinais do corpo na face de uma mulher. Veja a seguir.

Amor, sexo e erotismo na maturidade

Os olhos representam as mamas e os lábios da boca representam os lábios genitais.

Por sua vez, o batom imita os pequenos lábios vulvares em estado de excitação.

Com o aumento da circulação sanguínea, o genital fica vermelho, úmido e brilhante, as três qualidades que o batom confere aos lábios na boca, como demonstra a figura a seguir.

Podemos talvez encontrar aí explicação para o fato de as mulheres se sentirem bem – e até poderosas – depois de retocarem o batom.

Uma mulher indígena pintada para a guerra realça os sinais sexuais. Exacerba a força e o poder de sedução.

...Era uma vez a menopausa

No século XV, a atenção estava voltada para os seios. O decote teria sido produto do Renascimento, período de sensualidade e erotismo.

Acredita-se que sua forma arredondada foi elaborada pela natureza para a amamentação. Mas a realidade é outra: quanto menos gordura na mama, portanto, quanto menos redonda ela for, mais fácil a amamentação.

As mamães que amamentaram sabem que em mamas mais redondas é necessário usar as mãos para afunilar o mamilo a fim de imitar um bico de mamadeira.

Isso significa que o desenho redondo dos seios está muito mais para a imitação das nádegas como sinalização sexual do que para a funcionalidade.

Basta observar que o ponto de encontro entre eles remete à intersecção entre as curvas dos glúteos, chamada popularmente de cofrinho.

Já o umbigo, com sua abertura que evoca outros orifícios mais sensuais, teria sido exibido pela primeira vez por divas de Hollywood na década de 1940.

A atriz Rita Hayworth apareceu de barriga de fora no filme Gilda (1945). Carmen Miranda também aderiu à novidade.

Na mesma década, o estilista francês Louis Réard lançou o maiô de duas peças. Estava criado o biquíni (1946).

A imagem mais marcante entre nós foi de Leila Diniz. Bonita e sensual, a atriz defendia o amor livre, a liberdade sexual, e escandalizou a sociedade, em 1971, ao posar na praia, grávida, de biquíni.

Diferente, mas não desigual

Padrões de beleza mais surpreendentes eram – e por vezes ainda são – seguidos por mulheres de outras sociedades.

O objetivo é o mesmo: ser mais atraente ao sexo oposto.

A cultura chinesa por milênios estimulou as mulheres a usarem pequenos sapatos de madeira. Elas retalhavam e lixavam o calcâneo para ter pés mínimos na idade adulta.

Tribos indígenas africanas incentivam suas mulheres a aumentar o lábio inferior com discos de madeira para ganhar sensualidade.

O *piercing* no nariz é uma tradição na Índia, um símbolo de *status* em muitas aldeias.

Na Ásia, as mulheres-girafas colocam argolas no pescoço para alongá-lo, o que as tornaria mais atraentes ao sexo oposto.

Enquanto isso, as ocidentais equilibram-se em pedacinhos de gesso, arrebentando os dedos dos pés para se erguerem graciosamente na sapatilha de ponta no balé.

Por que o sexo feminino faz todos esses sacrifícios?

Pelo amor à imagem, ou melhor, pelo amor ao poder que a imagem pode conferir em um grupo social. A mulher faz tudo isso para ganhar poder sexual.

Talvez alguém argumente que muitos desses povos citados não evoluíram. Pertencem ao Quinto Mundo.

Pergunto: qual é a diferença entre nossa mulher moderna, que usa anorexígeno, só come alface, toma anabolizante, malha duas horas por dia, aspira gordura e coloca próteses, e a indígena beiçuda, a pescoçuda asiática ou as chinesas de minúsculos e retorcidos pés?

Resposta: nenhuma!

As europeias, as americanas e as latinas comportam-se e fazem exatamente a mesma coisa, só que de formas diferentes.

Será que não evoluímos nada?

Tanta tecnologia ao nosso dispor e ainda nos violentamos como primitivos trogloditas.

Wolber de Alvarenga resume com brilhantismo minha constatação: "Na maioria das vezes somos como os índios, trocamos nossas riquezas por imagens refletidas no espelho e perdemos nossa autonomia e o contato com o que nos é essencial".

De mulher para mulher

Quanto mais se reprime a natureza e o poder dos hormônios sexuais, mais a *femme fatale* retorna ao reprimido.

Por séculos se reprimiu a sexualidade no Ocidente e na cultura judaico-cristã. Porém, ela brota, mais vigorosa do que nunca.

A sexualidade feminina é um domínio de contradição e ambivalência, de amor e ódio, do criativo e do destrutivo, do egoísmo e da generosidade.

Amor, sexo e erotismo na maturidade

A natureza equipou a mulher com exaustiva minúcia e disse: "Vá e domine com esse poder".

Cubra a mulher com uma burca, e seus olhos vão comunicar sexo.

Tranque a mulher em um quarto, e seu perfume sexual passará por debaixo da porta.

Os arquétipos permanecem os mesmos, já dizia Carl Jung, médico e pensador suíço, criador da psicologia analítica.

Mudamos muito pouco. Talvez apenas um fato tenha se modificado.

As mulheres de culturas antigas submetiam-se a retaliações para obter valor perante a plateia masculina.

Hoje, as mulheres se esculpem e retalham para atrair os homens e causar inveja às próprias mulheres.

É um lesbianismo virtual. Os homens estão desfocados.

É de "mulher para mulher".

Quase todas exalam o mesmo perfume da moda, usam as mesmas roupas, têm o mesmo hálito de suco verde detox.

Peitos iguais, bundas iguais, manias iguais.

É o *fast-food* da estética de massa.

A beleza perdeu a individualidade – justamente o que temos de maior valor.

Como escreveu o poeta maior, Vinicius de Moraes: "É preciso que haja qualquer coisa de flor em tudo isso, qualquer coisa de dança. Ou então a mulher se socialize elegantemente em azul, como na República Popular da China".

O poder sexual não depende só da beleza estética, mas de algo muito mais profundo – e da ação específica dos hormônios produzidos por seus ovários.

As mulheres mais poderosas do mundo foram as cortesãs da Idade Média. Cultas e inteligentes!

A cortesã era a força da natureza em um manto civilizado.

As prostitutas sempre foram artistas performáticas e terapeutas de homens inseguros.

O ciúme irracional de um homem que mata em uma explosão de ira tem origem na impotência de ser dono de uma mulher. E na insegurança em relação à paternidade.

A maternidade é um fato; a paternidade, uma possibilidade.

Em uma de suas canções, Vinicius de Morais dizia que, sempre que acha que é dono de uma mulher, o homem pode cair do seu lindo cavalo porque ela pode estar longe com seus pensamentos mágicos e misteriosos que brucutu nenhum alcança.

Encanto quebrado

"Não sei se estou fora de época", comentou um amigo. "Hoje os homens cozinham como minha mãe e as mulheres bebem como meu pai."

Sexo transformou-se em "produção hollywoodiana". Vivemos um voyeurismo sem o requinte do buraco da fechadura. Novos tempos.

O sexo era um ato político com gosto de beijo roubado. O pecado, romanceado e mágico, povoava o imaginário masculino, mobilizando líricas estratégias de conquista.

Lembro-me de que passava horas imaginando formas de conquistar a namorada. A corte era articulada com audácia, criatividade e poesia. E ninguém vai me provar que a mulher não gosta de ser cortejada.

Dizem que a coisa se inverte, hoje são elas que atacam. Mas desafio minhas leitoras a dizerem honestamente o que é mais gratificante: cortejar ou ser cortejada.

Hoje o encanto foi quebrado.

O *striptease*, um espetáculo pagão, mágico e misterioso, uma dança erótica e sensual que atravessou séculos e culturas, desviou-se para exibições chulas de violência e crimes sexuais faturados por mestres de cerimônias de nossa caquética miséria cultural.

Os ratinhos e as ratazanas da mídia, rastejando por bueiros eróticos, produzem *shows* de baixíssimo nível, recebidos de braços abertos por um público ávido pela desgraça alheia.

Nunca imaginei que uma rede de TV que já teve um padrão Boni de excelência como a Globo pudesse chegar a um programa como o BBB. E, ironia maior, dirigido por seu filho, Boninho.

Nada mais *fake* e vulgar. Vulgaridade virou "charme".

E o que é pior: as mulheres não só aceitam, mas também colaboram para essa zorra toda.

Será que foi para isso que lutaram as mitológicas feministas da década de 1960? Precursoras e heroínas.

Acompanhei várias delas em suas lutas pela justa valorização da mulher na sociedade. Uma das mais importantes bandeiras era destruir o mito da mulher-objeto.

– Não somos um eletrodoméstico na prateleira do mercado erótico à procura de um consumidor – argumentavam essas mulheres pioneiras. – Somos gente com potencial, força, vida interior e inteligência para dividir com os homens uma sociedade mais saudável e justa. Vamos moldar uma nova matriz social, com uma divisão de poderes mais equitativa. Assim criaremos filhos mais humanos.

Se esses discursos fossem feitos hoje, poderiam incluir, ainda:

– Nosso corpo não é uma prótese nem uma massa a ser esculpida para o olhar esteticamente correto da fita métrica da sociedade. Não temos *chips* programados para nos transformar em robôs sexuais e reprodutores. Somos gente.

O incrível renascer

Mas a todo o momento, as "Vera Fischer" e as "Leila Diniz" da vida renascem como a Fênix.

Emergem plácidas e paralisantes, liberando seus hormônios sexuais.

Inchadas, magnéticas e volumosas.

Malignamente poderosas.

Evaporam sensualidade por todos os poros, aniquilando as magrelas malhadas pela ilusão de que *sex appeal* é o esteticamente correto.

Ilusionismo civilizado vendido nas revistas de moda e na internet.

As "Veras" renascem errantes. Misteriosas criaturas brotando da natureza.

Crueldade e pureza misturam-se, violando as regras sociais.

As "Veras" derrubam todos os tabus.

Divertidas e condescendentes. Amorais e imorais. Éticas com seus desejos.

Elas reconstroem o mundo do mistério, da noite, do arcaico, do atávico e do inconsciente primitivo.

Saboreiam e divertem-se com o espanto da plateia.

Rainhas e camponesas, elas fundem a expressão próxima do apetite voraz com o distanciado olhar da contemplação.

Altivas e solitárias, elas são testemunhas vivas e concretas de que o sexo é um poder que passa longe das academias de ginástica.

Jamais perdem seu ar despótico de luxo, erotismo e indolência.

As pobres malhadas, submetidas à fita métrica e à balança social, são como os cavalos gregos, atléticos, musculosos e altivos, mas serviçais dos valores vigentes.

Como as gatas errantes da noite, as "Veras" e "Leilas" são os fantasmas que assolam o imaginário masculino.

Dominam soberbamente o amor e o sexo.

São admiradas e temidas pelo auditório lotado de magrelas inseguras.

Vivem uma vida pagã.

Minha avó dizia que com a mão esquerda a mulher balança o berço e com a direita comanda o mundo.

A beleza simétrica e milimétrica foi criada pelo mercado e pelo homem em um esforço para deter a incomensurável força da natureza sexual da mulher.

Cleópatra, Teodósia e Aspásia, célebres personagens da história, seduziam homens a vinte passos de distância sem exibir nada além dos sinais sexuais clássicos: rosto, olhos e boca, ombros e colo e seios pelo decote.

Era frente a frente, olho no olho. Bundas de plástico não funcionam.

Faziam cada homem acreditar ser único no universo.

Sabiam que o desejo começa no olfato e na visão imaginária do mistério escondido entre as pernas, no brilho dos olhos, na umidade da boca e no sangue pulsando que umedece sua intimidade escondida.

Que o cheiro e a fantasia valem mais que a simetria.

Escolhiam os amantes porque conheciam os homens, o sexo e o prazer.

Porque, se não desfrutassem, não saberiam dar prazer.

Amavam o amar. Gozavam o gozar.

Sabiam que um corpo simetricamente esculpido e musculoso não é flexível para o amor e o sexo.

Eram estrogênicas, macias, cheirosas.

O androgênio, anabolizante atual, endurece e exala cheiro de homem.

Ao se distanciarem de sua essência, as mulheres de nossa era estão perdendo a sintonia com essa força e esse mistério.

Vida, minha vida,

Olha o que é que eu fiz,

Deixei a fatia mais doce da vida

Na mesa dos homens de vida vazia.

Mas, vida, ali quem sabe eu fui feliz.

[...]

Luz, quero luz,

Sei que além das cortinas são palcos azuis

E infinitas cortinas com palcos atrás.

Arranca, vida, estufa, veia,

E pulsa, pulsa, pulsa,

Pulsa, pulsa mais.

"Vida", Chico Buarque

Erotismo e reprodução

No mundo dos mortais comuns, uma relação sexual começa por desejo e pode terminar em gravidez. Mas, segundo os livros sagrados, a reprodução pode ser diferente...

Jesus veio de Maria, sua mãe, comprometida em casamento com José. Antes que transassem, ela engravidou virgem do Espírito Santo.

O semideus grego Perseu nasceu depois que o deus Júpiter visitou a princesa Dânae, filha de Acrísio, rei de Argos, sob uma chuva de ouro e a engravidou.

O deus Buda nasceu por meio de uma abertura no lado do corpo de sua mãe virgem.

A filha virgem de um rei mongol acordou certa noite e se viu banhada por uma luz grandiosa. Nove meses depois nasceu Gengis Khan.

Muitas religiões apresentam o canal vaginal como estrada de mão única: nada entra, só sai.

É divertido ler textos do Corão, com intermináveis proibições ao sexo e sua promessa corrupta de infinita devassidão na próxima vida, que inclui, entre outras práticas, orgias com virgens.

O cristianismo é reprimido demais para oferecer sexo no céu, mas tem sido pródigo em sua promessa de punição sádica aos transgressores sexuais de seu rebanho. A Igreja tem gasto bilhões de dólares com advogados para proteger da lei padres e bispos pedófilos.

Em relação à saúde sexual e reprodutiva dos adultos, religiões organizadas advogam violência, irracionalidade, intolerância, racismo e hostilidade à livre reflexão e pensamento, depreciando as mulheres e sendo coercivas com crianças.

Nós, médicos, não temos como avaliar os danos produzidos quando se diz a milhões de crianças que a masturbação as deixará cegas e que seus pensamentos impuros (fantasias sexuais) as conduzirão a uma eternidade de tormentos.

Mas as consequências dessas pregações aparecem no consultório. Muitas mulheres que atendo com dificuldades no orgasmo nunca haviam se masturbado. Entram no mundo erótico pela mão do marido. Não conhecem seu corpo e suas sensações.

Voltando a falar da reprodução em simples mortais, é frequente uma diminuição do desejo sexual durante os nove meses de gravidez.

Acontece com a maioria. Mesmo em mulheres com relações estáveis.

O pós-parto e a amamentação apagam ainda mais a libido.

Sexo, reprodução e erotismo não combinam.

Por mais adorável que seja a criança, filho em geral é um desastre para o erotismo. Um golpe temporário ou fatal.

Após o nascimento do bebê, sexo e erotismo ficarão sentados no banco de reservas. E talvez aos 46 minutos

...Era uma vez a menopausa

do segundo tempo possam entrar em campo. Ou quem sabe na prorrogação, podendo chegar aos pênaltis.

Adolescentes problemáticos também podem levar embora o desejo sexual de casais equilibrados.

A falta de desejo sexual é uma das queixas mais comuns trazidas pelas mulheres ao consultório: desejo zero; libido zero.

Elas reclamam de pouco romantismo por parte dos maridos, pouca habilidade, descuido de higiene, carência de safadeza, ritual excessivo, ejaculação precoce e obsessão pela beleza ou perfeição do corpo, que mudou com a gestação.

Mas a complexidade é diagnosticar corretamente as causas da falta de desejo em cada casal.

Porque para nós, humanos, o sexo pode ter várias simbologias.

Sexo equilibra e desequilibra.

Sexo faz brilhar a vida na excitação e faz aceitar a morte no orgasmo.

Sexo acende, sexo apaga.

Sexo é pureza, é profanação.

Sexo é saúde, sexo é doença.

Sexo é natureza, sexo é cultura.

Sexo é encantamento, sexo é aversão.

E se entendermos erotismo como desejo, imaginação, fantasia, antecipação, vitalidade, prazer e trans-

Amor, sexo e erotismo na maturidade

gressão, muita responsabilidade é igual a pouca imaginação. Não resta espaço mental e sensorial.

Desejo zero

O problema da falta de desejo pode reaparecer com força dos 45 aos 55 anos, quando os hormônios começam a faltar.

Porém, é bom avisar, a libido não depende exclusivamente dos hormônios.

Ginecologistas e terapeutas observam que essa queixa é menos prevalente em mulheres solteiras e divorciadas. Portanto, há outros fatores que influenciam o desejo feminino.

Para simplificar, vou dividi-lo em três bases: saúde geral, hormônios e vínculos e relações (tipo e tempo).

No que se refere à saúde, a existência de alguma doença, moderada ou grave, pode comprometer, não apenas um órgão alvo, mas o que eu chamo de vitalidade, a agressividade normal para se movimentar física e mentalmente.

Problemas no fígado, distúrbios cardiovasculares, renais, gastrointestinais, pulmonares, pancreáticos, neurológicos, afetam a vitalidade. Não sobra energia para o desejo sexual.

Os hormônios são responsáveis diretos por uma quantidade razoável de queixas sexuais principalmente na fase em que estão em baixa – como já foi explicado anteriormente. A falta de lubrificação vaginal pode

...Era uma vez a menopausa

tornar as penetrações dolorosas e causar desinteresse pelo sexo.

O mais complexo é o último item: vínculos e relações. Aí entram características do relacionamento do casal, tempo longo de casamento, contexto cultural e os códigos pessoais de cada um.

O contexto cultural é importante porque muito pouco do sexo que nós, humanos, praticamos é para fins de reprodução, como ocorre nos animais.

Aliás, nesses modernos tempos de fertilizações *in vitro*, a reprodução até dispensa a experiência sexual.

O mais surpreendente é que as queixas de falta de desejo e sexo por obrigação não se limitam às pacientes que mantêm um casamento por conveniência. Aparecem até naquelas que têm uma ótima relação, amam o maridão, mas o desejo é zero.

Não perdoam nem mesmo mulheres produtivas, inteligentes, bem-sucedidas e até responsáveis financeiramente pelos parceiros. Mortas e fechadas para o desejo, aceitam passivamente uma vida sexual pobre.

As perguntas, aqui, são muitas:

Por que o sexo desaparece em casais saudáveis?

Por que a intimidade, a amizade e o respeito não garantem um bom sexo?

Por que o sexo é outra praia?

Por que no auge do romantismo – como já observei em casais jovens e com maior frequência em casais maduros – ocorre uma crise do desejo sexual?

Segundo amigos psicanalistas, quando uma mulher tem uma relação estável e segura, o sexo passa para outro plano.

Concordo com a tese, mas acho um pouco simplista.

Suponho que outros fatores mais complexos justificam a queixa quando a saúde geral e os hormônios estão em ordem.

O primeiro passo é entender que amor e sexo têm anseios diferentes. Melhor dizendo, antagônicos.

Os anseios amorosos são: segurança, proteção, zelo, previsibilidade, permanência, responsabilidade, dependência, confiança, generosidade.

Os anseios do sexo são: aventura, risco, mistério, surpresa, perigo, busca do inesperado, desconhecido e diferente, egoísmo.

Amor é integração, solidariedade e respeito.

Sexo é individuação, escolha, preferência, identidade.

E ambos seguem fluxos distintos.

O valor da imaginação

Pelo discurso de muitas mulheres percebe-se que elas gostariam que os parceiros lhes dessem tudo:

Previsibilidade e surpresa.

Segurança e insegurança.

Proteção e risco.

Confiança e mistério.

Amor e sexo.

Será possível integrar essas duas necessidades humanas básicas e fundamentais?

Ou, pelo menos, amenizar o antagonismo?

Como conciliar a distância e o mistério, essenciais ao desejo sexual no sexo de boa qualidade, com a intimidade, a proximidade e o cotidiano do casamento?

Como alguém que conhecemos tão bem pode se tornar desconhecido?

Vestindo uma fantasia de soldado? *Lingerie* de prostituta?

A meu ver, crise de desejo é crise de imaginação.

Posso afirmar com segurança que o desejo sexual precisa de espaço físico (distância) e mental (imaginação livre).

Atração entre dois corpos ou entre duas mentes requer espaço para que haja o movimento de aproximação. É muito difícil desejar o que já temos tão próximo.

Ouvi de pacientes: "Sinto muito mais atração quando estamos distantes, separados e nos reencontramos".

De fato, nessas ocasiões, cada um exercita a habilidade de antecipar mentalmente o "estar" com o parceiro.

Quando a imaginação pode fantasiar o encontro, a ausência e a saudade alimentam esse desejo.

Muitas pacientes confessaram que a melhor relação sexual que experimentaram foi após uma briga. Claro, nesse caso existia risco, tensão, agressividade contida. Houve distanciamento, insegurança, mistério.

Quando ambos mantêm a independência, a autonomia, o sucesso pessoal e são autorrealizados, a admiração que nutrem um pelo outro promove certa distância.

Saber que outras pessoas podem sentir atração pelo parceiro, também. Um pouco de concorrência é saudável.

Perceber que o parceiro é vibrante, radiante, confiante, tem brilho e vitalidade, mantém seu corpo em forma (de maneira saudável, sem perseguir obsessivamente a juventude) e apresenta a beleza de sua idade... Tudo isso favorece o erotismo.

Nesses casais, o tempo de convivência não mata o sexo.

Infelizmente, eles ainda são exceções.

Resumindo: "Me diga a forma como você vive teu amor e eu te digo a forma como você faz amor".

Entre Marte e Vênus

Homens e mulheres têm códigos e registros diferentes em relação a diálogo, amor, corpo, tempo, filhos...

Isso também vale para desejo sexual e erotismo.

Homens ansiosos ejaculam precocemente.

Pouquíssimas mulheres que tratei se queixaram de dificuldade de satisfazer os homens.

...Era uma vez a menopausa

Mas os homens não hesitam em admitir sua incapacidade de satisfazer uma mulher. Daí a pergunta de praxe: "Você gozou?".

Entretanto, poucos homens se sentem usados sexualmente. Os homens não podem praticar o sexo sem "um forte desejo" que se traduza em ereção. Algo concreto e palpável.

Já nas mulheres o desejo é um mistério. Para elas, a vida sexual pode ser uma declaração de amor a cada relação.

E, para eles, a maioria das relações sexuais tem um sentido de alívio e relaxamento – o que não significa obrigatoriamente desamor.

Ou se tenta compreender um pouco do outro ou fica difícil segurar uma relação.

Homem é quantitativo, mulher precisa de envolvimento.

Homem oferece amor, mas quer sexo.

Mulher oferece sexo, mas quer amor.

Homem sexualiza o amor, a mulher espiritualiza o sexo.

Homem quer ter um caso; mulher quer casar.

Para o homem, sexo é romance de busca; para a mulher é busca de romance...

Entendo que a promiscuidade do homem pode desvalorizar o amor, mas aguça o pensamento e a imaginação.

Já na mulher, dizem que promiscuidade é doença e desvio de identidade.

Pelo dito popular, mulher promíscua contamina-se a si mesma.

No homem, lavou, tá novo.

Se a mulher lavar demais, complica aquele genital escondido, úmido e dependente de acidez para se proteger.

No homem promíscuo (ou mais ativo sexualmente), levanta a testosterona e os projetos renascem.

A mulher promíscua é incapaz de ideias claras, está sempre esperando um telefonema no dia seguinte. Rompe-se a integridade ritual do seu corpo.

A natureza tem interesse em estimular o homem a espalhar seu sêmen e lucra com a pureza da mulher.

Mesmo nas que se dizem modernas e liberadas há uma espécie de freio biológico sussurrando em seu ouvido: mantenha limpo seu canal genital.

Ao se proteger, a mulher também protege um futuro bebê imaginário.

Mas até as crenças mais arraigadas podem ceder diante da vivência individualíssima do sexo e do erotismo.

Uma coisa é certa: o desejo aceso é um termômetro da saúde do relacionamento.

No entanto, tentar explicar de forma lógica as diferenças entre a crônica ansiedade sexual do homem e a cíclica mulher é dar asas à ilusão.

Anatomicamente, a objetividade do pênis antagoniza a subjetividade da vagina e seu insuportável mistério.

Desperta dúvidas que aterrorizam o homem: Que aparência terá lá dentro? O que acontece lá? Ela teve um orgasmo? O filho é meu?

Porque meu pênis entra na vagina em triunfo e sai em decadência.

Em uma visão psicanalítica, porque ele entra em surto psicótico em sai maníaco-depressivo.

A anatomia feminina é uma metáfora do oculto, do sagrado. O tabu sobre o corpo da mulher se sustenta na magia do escuro vaginal.

E esse é um dos motivos da enorme diferença dos códigos sexuais entre o casal.

Em suma, homem transa para ficar bem, mulher tem de estar bem para transar.

Dizem as pacientes: "Doutor, eu não posso dormir de bumbum virado pra ele".

O amor maduro

Na vida real aprendemos que o amor não muda nada, somente ajuda a administrar as diferenças e o mistério da relação amorosa.

Sabemos que não existe relação neutra e que a maturidade é um estágio que pode ser alcançado independentemente da idade cronológica.

Ou seja, ter 50 anos não significa ter maturidade.

Crises são cumulativas. Podemos tirar delas oportunidades de crescimento. Ou afundar sem encontrar saída.

O abalo é diretamente proporcional à mentira que a pessoa viveu.

Amadurecer é sentir o cheiro da insignificância de tudo enquanto se persegue o conhecimento verdadeiro. E pode doer.

No amor maduro existem elementos da razão interagindo na nossa subjetividade de forma criativa para o bem da nossa qualidade de vida – resisto a usar esse termo tão em moda porque é estereotipado no politicamente correto, mas farei uma concessão.

Qualidade de vida é uma percepção individual de sua posição na vida, seus objetivos, modelos, padrões e conceitos, de acordo com o contexto cultural e o sistema de valores nos quais você está inserido.

Essa abordagem envolve saúde física, psicológica, autonomia, privacidade e espiritualidade.

Qualidade de vida é uma construção dinâmica e pode mudar no decorrer dos anos.

As perdas e os ganhos do avanço da idade podem definir seus objetivos.

A perda da fertilidade biológica pode gerar reflexões positivas e negativas.

Mas os 50 anos trazem para a maioria das pessoas um roteiro básico cumprido, uma identidade plena e uma visão mais clara da vida.

Indivíduos assim escolhem parceiros pelas identificações. Estabelecem laços afetivos com mais afinidades.

No amor maduro, atitudes valem mais que palavras. Não se fazem mais promessas e juras.

...Era uma vez a menopausa

Você pensa, você sente, você age, você vive. Busca pessoas que te coloquem para cima e que revelem o "melhor da sua essência".

Financeira e profissionalmente mais bem resolvidas, tudo fica mais azul. Ou você acha que isso não importa? Um amor e uma cabana, e vamos ser felizes para sempre?

Fala sério: onde você acha que fica mais saudável acontecer o amor verdadeiro?

1. Alguém te convida para passar um fim de semana em Punta Del Este. Vocês partem em um voo confortável, ficam em um hotel maravilhoso, passeiam de *bike* pela praia, frequentam restaurantes ótimos, com música ambiente...

2. Alguém te convida para um fim de semana na Praia Grande. O carro esquenta no alto da serra e a Ecovias demora cinco horas para te socorrer. Ao chegar, você se depara com um churrasco na laje, crianças gritando, fumaça por todo lado e a televisão ligada no futebol, no volume alto.

Se responder "depende", eu me atrevo a dizer que você não conhece o ser humano, vive em um aquário ou passa o tempo todo levantando ferro na academia.

O que uma mulher espera de um homem na maturidade?

Ela espera, implora, exige que ele a revele em toda a sua verdade; que exponha à luz de sua essência aquela pessoa oculta sob convenções sociais.

O amor é o atalho preferencial do desnudamento recíproco.

É no coração que guardamos tudo o que é para sempre, tudo o que o amor pode transformar em eterno.

O amor na maturidade não é cego, é vidente. Enxerga no fundo da alma e também no futuro.

Era uma vez a menopausa...

Me cansei de lero-lero
Dá licença mas eu vou sair do sério
Quero mais saúde
Me cansei de escutar opiniões
De como ter um mundo melhor
Mas ninguém sai de cima
Nesse chove-não-molha
Só sei que agora
Eu vou é cuidar mais de mim!

"Saúde", Rita Lee

Será possível viver uma "bela velhice"?

O termo foi criado pela escritora francesa Simone de Beauvoir ao sugerir que as pessoas maduras construíssem um projeto singular para nortear seus comportamentos, não pelas regras vigentes, mas segundo a própria vontade.

A proposta foi resgatada pela antropóloga Mirian Goldenberg ao explicar que essa bela velhice está sendo construída hoje pela geração que foi jovem nas décadas de 1960 e 1970.

Essa geração reinventou a sexualidade, o corpo, as relações amorosas, as constituições familiares; defendeu a igualdade entre homens e mulheres, buscou a liberdade sexual e recusou qualquer forma de controle.

Ela é formada por muitas mulheres que conseguiram libertar-se da ditadura da aparência e preocupar-se mais com saúde, qualidade de vida e bem-estar.

"A velhice pode ser reinventada todos os dias, com significado, prazer, alegria e muito humor", escreveu Mirian no jornal *Folha de S.Paulo*, em 22 de setembro de 2015. "Queremos derrubar os estereótipos e

...Era uma vez a menopausa

preconceitos que cercam a velhice e mostrar que hoje, mais do que nunca: velho é lindo! Viva a bela velhice!"

Este livro nasceu em sintonia com essa proposta.

Ao usar a expressão "Era uma vez a menopausa", não tenho a pretensão de decretar o fim da menopausa.

Quero colaborar para enterrar os rótulos e preconceitos que envolvem o climatério, apontando uma nova possibilidade: a de fazer essa travessia suavemente.

Como médico, minha função é aliviar as queixas das pacientes. Para isso, sempre cuidei de observar as mulheres com atenção e, sobretudo, de ouvi-las.

Logo, o que registro aqui, mais uma vez, é fruto do que acompanhei nesses 40 anos de atendimento clínico.

A medicina evoluiu de curativa para preventiva e chegou à atual "promoção da saúde", que oferece ao indivíduo saudável acesso a padrões melhores de saúde física, mental e social.

Empenhados na promoção da saúde, na década de 1980 começamos a defender a suspensão da menstruação. Fomos pioneiros no Brasil e enfrentamos muita resistência.

Mas o que outrora foi criticado e duramente condenado hoje é aceito pela comunidade médica e por grande parte da população esclarecida por seus ginecologistas.

Agora estendemos esse pioneirismo ao climatério.

"Era uma vez a menopausa" foi a expressão de exclamação de uma paciente que estava muito feliz em comparação às suas amigas de 45 a 55 anos de idade.

Enquanto a grande maioria vivia às voltas com sintomas perturbadores e queixas que persistiram por anos, ela não sofreu nenhuma alteração física ou emocional.

A mesma situação se repetiu com um número razoável de pacientes. O denominador comum era que todas atravessaram o climatério com seus hormônios equilibrados, livres das quedas abruptas que ocasionam sofrimento para a maioria.

Segundo pesquisas as mulheres invejam nas outras o corpo, a magreza, a juventude e o ser *sexy*, nessa ordem. E se comparam em primeiro lugar com as amigas; em segundo com celebridades.

Diante desse contexto, fica mais fácil entender o entusiasmo dessas pacientes.

Além do alívio por não sofrerem alterações negativas nos anos ao redor da menopausa, elas relataram ganhos na autoestima.

Seu principal motivo de satisfação foi o fato de conseguirem se manter magras – é óbvio que não só por causa do tratamento hormonal, mas também pelo cuidado com a alimentação e a prática de exercícios físicos.

Enquanto as amigas ficavam se abanando, sem poder dormir direito e reclamando de outros sintomas, elas se sentiam *sexy* e poderosas.

Não é nenhum milagre ou mágica.

O caminho das pedras

Vou explicar como é feita a terapêutica nesses casos.

Em geral, por volta dos 40 anos – ou um pouco mais tarde, dependendo da genética –, os ciclos começam a ficar irregulares, com repercussões desconfortáveis e sintomas como sangramentos no meio do ciclo, menstruações mais dolorosas e volumosas, distúrbios de humor e agravamento dos sintomas da TPM. Conforme cai a produção hormonal, surgem calores, insônia, queda da motivação, secura vaginal.

O gráfico a seguir apresenta o início das irregularidades.

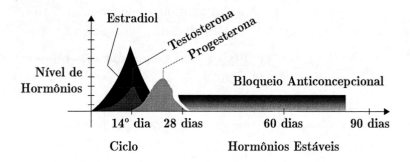

O tratamento consiste no bloqueio do ciclo, feito mediante a aplicação de implantes hormonais subcutâneos que liberam diariamente quantidades fixas de hormônios.

Além do efeito anticoncepcional, eles estabilizam o ciclo e as intercorrências associadas: evitam os altos e baixos hormonais que agravam os sintomas da TPM e as irregularidades menstruais.

O gráfico a seguir traduz a estabilização dos hormônios. A dosagem na corrente sanguínea torna-se constante.

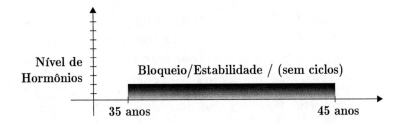

Nos anos seguintes, a paciente é supervisionada. São realizados exames de prevenção do câncer, níveis hormonais e testes gerais (glicemia, colesterol etc.).

Alterações de certos hormônios (como o FSH, hormônio folículo-estimulante, produzido pela hipófise) no exame de controle revelam quando a fertilidade vai se extinguindo. Então colocamos uma dose menor do anticoncepcional e já uma dose inicial de hormônio de reposição, também sob a forma de implantes.

No período de dois anos, em média, ocorre a substituição: o anticoncepcional vai sendo trocado pela reposição hormonal.

O gráfico a seguir esquematiza essa transição.

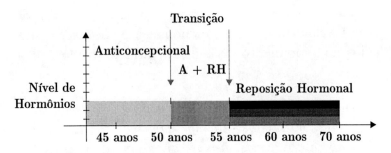

O mais importante é que os níveis hormonais permanecem estáveis. Essa estabilidade evita os sintomas físicos da menopausa, que despertam intensas reflexões em virtude dos mitos que cercam o assunto e, muitas vezes, desembocam em crises de autoestima, humor e falta de motivação, que comprometem o desempenho no trabalho, na família e na vida social.

O retorno positivo das pacientes que aderiram a esse método demonstra que a ausência de sintomas contribui para desmistificar o envelhecimento. A energia que seria consumida na luta contra as queixas físicas é direcionada para outros fins.

Elas têm um ânimo maior para investir em bons hábitos, na prática de exames preventivos e em projetos pessoais.

Aquele ritual de passagem, com uma carga emocional pesada e uma conotação extremamente negativa, perde a razão de ser.

Era uma vez a menopausa...

Relato de paciente beneficiada

Os benefícios obtidos pelas mulheres poupadas do ritual e dos sintomas da menopausa podem ser conferidos no depoimento de Leila Navarro Marinho:

Tomei anticoncepcional oral dos 20 aos 37 anos, mais ou menos. Eles me causavam dores de cabeça e náuseas. Aos 37 anos, optei por colocar o DIU. Passei a ter sangramentos intensos e frequentes. Então o Dr. Malcolm me sugeriu retirar o DIU e fazer o implante.

Era uma vez a menopausa...

No início, eu não conhecia esse tratamento. Aliás, nenhuma das minhas amigas conhecia, o que me pareceu estranho, mas depois de receber orientações, achei que seria uma ótima solução. Fiz com muita segurança no resultado.

As vantagens foram muitas. Primeiro, eu não menstruei mais, não tive cólicas, nem o mau humor nos dias anteriores ao sangramento. Segundo, passei pela menopausa e nem percebi. Enquanto muitas amigas se queixavam, eu não senti nada.

A única diferença é que minha pele já era um pouco oleosa e essa característica se intensificou. É melhor ter pele oleosa do que ressecada, mas o brilho não diminuía nem com maquiagem, o que não foi um grande problema para mim. Hoje, ela está mais para normal do que oleosa.

Há benefícios que estão além da estética, como preservar as articulações e os ossos e diminuir o risco de ter problemas do coração. O melhor foi viver os últimos 17 anos com mais qualidade de vida nessa área. Não precisava me preocupar com ciclos menstruais irregulares, nem com as indisposições que eles causavam, muito menos com uma gravidez indesejada.

Hoje estou com 57 anos e provavelmente já teria sofrido – ou estaria sofrendo – com os sintomas da menopausa. Desde o começo eu me senti privilegiada por ter tido essa oportunidade. Se pudesse voltar no tempo, faria exatamente a mesma coisa.

Conclusão

*A lição sabemos de cor,
Só nos resta aprender.*

"Sol de Primavera", Beto Guedes

"Viver é perigoso", dizia o escritor Guimarães Rosa.

A vida requer escolhas.

A maturidade é uma base sólida para essas tomadas de decisão.

Até para definir sua religião, seu Deus e seu (sua) companheiro(a) e como viver a vida, com a convicção de que não há apoteose e nada se fecha em plenitude.

A maturidade seleciona suas ilusões. Molda sua identidade em sintonia com os "símbolos" que você elegeu.

Ou você encontrou suas respostas ou aguenta e administra ficar sem elas.

Solidão é buscar poder.

Estar só é poder buscar.

Estando só cada um vai ter de dar sentido à própria vida e pode sofrer para encontrar esse sentido.

Às vezes, o passado nos devora tanto pela saudade positiva quanto pela melancolia negativa.

A vida só nos ilumina à medida que vivemos e expressamos nossa essência.

Sempre que nossos anseios pessoais estiverem focados, nossa expressão será real e criativa.

Os 50 anos podem ser um marco importante quando vêm com realizações em vários níveis (amor, trabalho, responsabilidade social etc.).

Para quem vive com dinamismo, pode ser tempo para reflexões. Não só os 50, mas também os 40, 60, 70...

Podemos nos sentir mais à vontade e confortáveis com o mundo que nos cerca – mesmo com a mudança contemporânea em alguns valores éticos – ou muito desconfortáveis com tudo o que experimentamos em tempo real.

Resisto a enquadramentos por achar que o ser humano é dinâmico demais para isso. No entanto, por razões didáticas, vou abrir uma exceção e classificar nossa caminhada na maturidade em duas fases simplificadas.

Dos 25 aos 50 anos, vivemos a primeira fase de nossa maturidade.

A partir dos 50, avançamos para a segunda fase, que pode ir além dos 80 anos de idade.

Temos de entrar nessa segunda parte como no segundo tempo de uma final de Copa do Mundo de Futebol: não fazer gol contra.

Precisamos selecionar o que vale a pena viver no pouco tempo que nos resta.

Afinal, você pode perder dinheiro e trabalho, pode adoecer. Tudo isso é recuperável. Mas o tempo, não.

Quando flui bem, temos a sensação de que passa rápido.

A pior sensação que observo nas minhas pacientes é o arrependimento e a nostalgia pelo que "deixou de viver" por códigos educacionais muito rígidos ou por escolhas "erradas".

Conclusão

Então, é comum sobrevir a tristeza – não estou falando de depressão patológica, que requer tratamento médico.

Se ocorrer com você, não lute contra ela. Pode ser benéfica ao seu desenvolvimento.

Não se deprima por estar depressiva.

Não fique triste por estar triste.

Deixe a coisa ir.

Isole-se, ouça seus boleros, Roberto Carlos, Chico Buarque. Tome seu vinho.

A capacidade de digerir e elaborar a tristeza é que nos faz evoluir no amor.

Já disse o grande Gil: "O nosso amor é como um grão, tem que morrer pra germinar".

Viver o amor é uma experiência de liberdade. Exige dignidade e prontidão.

Mas não deixa de ser uma aventura com doses saudáveis de riscos.

Caso a tarefa lhe pareça maior do que suas forças, peça ajuda profissional e bola pra frente.

Não se perturbe com estereótipos e expectativas alheias.

Procure inovar e individualizar sua experiência.

Quando atingimos uma vida mais longa que nossos pais e avós, é mister reinventar a velhice com menos preconceitos, antes que a genética e a biologia (duas forças poderosas) escrevam nosso roteiro de vida.

Bons hábitos contam: atividade física e intelectual, estímulos e objetivos, espiritualidade (entendida como a prática da solidariedade, o engajamento na comunidade e a manutenção de um trabalho com significado mais amplo e profundo).

A medicina pode contribuir muito para essa "nova velhice".

Ao oferecer às mulheres a oportunidade de entrar no novo tempo sem passar pelo ritual sintomático e simbólico da menopausa, abre novas possibilidades.

A vida é feita de escolhas, mas o importante ao fazê-las é a consciência de que depois será preciso conviver com elas.

Para finalizar nossa reflexão, apresento a imagem do cinto de castidade.

As mulheres evoluíram muito nas últimas décadas como ser social e profissional, no amor e no sexo.

Conclusão

Mas na minha visão de médico de mulher, ela ainda usa "metaforicamente" um cinto de castidade. Moderno e *fashion*, mas usa.

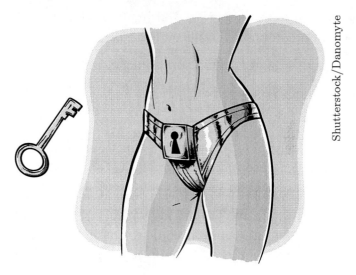

A diferença da mulher medieval para a atual – posso afirmar com muita segurança – é que hoje é ela quem possui a chave.

Aos pós-menopausados (Entre os quais me incluo)

Se você está envelhecendo com saúde física e mental...

Trabalhou até aqui com vontade...

Está relativamente realizado com sua vida...

Guardou algum dinheiro para preservar sua autonomia...

225

...Era uma vez a menopausa

E daqui para a frente tem a possibilidade de selecionar suas atividades...

Então vale a pena reorganizar o tempo – aquele que temos antes de perder o último amigo da turma da escola ou confundir envelhecimento com aposentadoria.

Porque tudo na vida tem solução, menos o tempo.

O tempo é inexorável.

Vamos lá.

Em relação ao dinheiro que conseguiu economizar – não importa se muito ou pouco. Use-o para você!

Nada de guardá-lo ou permitir que seja desfrutado por aqueles que não têm a "menor noção" do sacrifício que você fez para consegui-lo de forma honesta (políticos, lobistas e mafiosos estão fora dessa lista).

Podem ser pessoas da família ou não. Genros, noras, sobrinhos, amigos...

Nada mais perigoso que um genro repleto de planos mirabolantes para grandes negócios com financiamento do seu dinheiro economizado.

Não é hora de investir em novos negócios que trarão maior preocupação.

Lembre-se de que dinheiro de herança pode causar desavença entre dependentes.

Não dê a eles esse estímulo.

Administre o que tem e trabalhe um pouco se isso o satisfaz, mas use sua sabedoria tão duramente conquistada.

Conclusão

Também não é época de sustentar nenhuma pessoa da família.

Um pouco de egoísmo é saudável.

Compre o necessário e sempre o melhor de acordo com seu sonho de consumo.

Afinal, você pode ter um capricho depois de tudo que trabalhou.

Não se sinta culpado por gastar suas economias com você.

Se teve filhos e foi pai/mãe afetivo e responsável, provavelmente já ofereceu o seu melhor a eles na infância, na adolescência e no início da maturidade...

E em dinheiro, educação, cultura, amor e tempo.

Agora, a "responsa" é deles.

Proclame sua independência de outros "dependentes seus".

Zele por seus pais idosos, financie cuidados, mas divida a tarefa com seus irmãos.

Cuide de sua alimentação e pratique atividades físicas.

Nada muito pesado, nem no prato, nem na ginástica.

Um pouco de vaidade é salutar.

Não teremos o mesmo brilho da juventude, mas pelo menos estaremos bem conservados.

Sexo é imprescindível.

Pratique até quando puder; se necessário, use todos os recursos que a medicina moderna oferece para colaborar.

...Era uma vez a menopausa

E se o infarto vier, vamos torcer para que venha fulminante no apogeu do prazer. Fazer a passagem durante um orgasmo é tão cósmico quanto a aurora boreal. Ou que a parada cardíaca aconteça enquanto dorme, durante um sonho em HD e em cores.

Se é religioso, reze de vez em quando – mas nada de radicalismo fanático!

A boa notícia é que "em breve" poderá fazer seus pedidos pessoalmente.

Ame a vida, ame o próximo, ame teu parceiro/a. Não se abstenha do amor.

Nenhum indivíduo é velho enquanto lhe restam inteligência e afetividade.

Amigos são muito saudáveis, mas se desvencilhe dos ressentidos e amargos – a energia não é boa!

Nada de ser muito moderninha/o... Só na aparência.

Seja moderna/o em suas atitudes.

Nas cirurgias plásticas, cuidado: moderação é a palavra-chave.

Nas roupas, prefira o confortável que lhe cai bem. Melhor seguir o espelho que a mídia.

Evite o comentário básico "no meu tempo".

Respeite a opinião dos jovens e sua cultura diferente da nossa, nem melhor, nem pior.

Muitos jovens são bem preparados para enfrentar o mundo novo que está aí.

Nossa idade nos dá direitos, mas vamos olhar o novo com curiosidade.

A sabedoria nos habilita a compreender a totalidade e a administrar melhor pressões e desconfortos.

Mas não caia na tentação de viver com filhos e netos.

Privacidade também é fundamental!

Selecione bem as festas e os eventos aos quais pretende comparecer.

Mantenha um *hobby*.

Música, dança, esporte, culinária...

Gatos, cachorros são ótimas companhias.

Cultivar um jardim, fazer trabalho voluntário, matricular-se em cursos.

Escolha algo gratificante.

Fale menos; ouça mais.

Se perguntarem de sua história, releve os bons momentos e resuma os complicados.

Deixe os lamentos para os compositores e poetas.

Procure rir das próprias falhas, dos tropeços da idade.

Bom humor é sempre saudável.

Sabendo que nada se fecha em apoteose, que a morte é certa e a vida, incerta, e por isso tão emocionante, *Let it be* (deixe estar), como diz a canção dos Beatles.

Nossos poetas Toquinho & Vinícius escreveram sobre a passagem do tempo:

...Era uma vez a menopausa

A gente mal nasce começa a morrer
Depois da chegada vem sempre a partida,
Porque não há nada sem separação.
Sei lá, sei lá... A vida é uma grande ilusão.

Esse ilusionismo é que nos faz humanos.

A vida é pra valer, a vida é pra levar.

Cara/o amiga/o, "*Saravá*".

Malcolm

Conheça as nossas mídias

www.twitter.com/integrare_edit
www.integrareeditora.com.br/blog
www.facebook.com/integrare
www.instagram.com/integrareeditora

www.integrareeditora.com.br